Sabine Winkler

Welpenkindergarten

Prägung, Sozialisation und Erziehung

KOSMOS

Inhalt

Die Welpengruppe 4

Ein Kindergarten für Welpen 5
Entwicklungsphasen des Welpen 8
EXTRA Die Welt beim Züchter 14

Gründung und Organisation 16

Das richtige Grundstück 17
Zusammensetzung der Gruppe 20
Der optimale Zeitpunkt 24
Häufigkeit und Dauer 24
Geräte und Zubehör 26
EXTRA Welpen-Erlebnisparcour 28
Anmeldung zum Welpenkurs 30
Mitarbeiter 32
Mit Kind und Kegel in die Welpengruppe 32
Infomaterial und Werbung 34

Welpenstunden richtig planen 36

Leiten von Welpengruppen 37
Ohne Regeln keine Struktur 38
Integration neuer Welpen 40
EXTRA Beginn einer Welpenstunde 41
Spiel, Übung und Theorie 42
Beenden einer Spielphase 44
Spielzeug in der Welpengruppe 46
Rassetypisches Spielverhalten 48
Eingriffe ins Spielverhalten 50
Ablauf einer Stunde 57
Betreuung der Übungen 58
Der Umgang mit Welpenbesitzern 59
Probleme erkennen 62

Übungen auf einen Blick 70

Sozialisierung auf Menschen 71
Aufmerksamkeit 72
Heranrufen aus unterschiedlichen Situationen 74
Spiel und Beschäftigung mit Welpen 76
Impulskontrolle 78
Duldungsübungen 84
Umweltgewöhnung 87
Sitz, Platz, Bleib 88
Clickertraining 90

Der Welpe kommt ins Haus 94

Die passende Welpengruppe 95
Die ersten Tage mit dem Welpen 97
EXTRA Die Umwelt entdecken 98
Es geht los – das erste Mal in der Welpengruppe 102

Fragen und Antworten rund um Welpen 106

Der Welpe in der Wohnung und im Garten 107
Der Welpe in der großen weiten Welt 114

Service 120

Zum Weiterlesen 121
Nützliche Adressen 122
Welpenpass 123
Register 124
Impressum 126

Die Welpengruppe

Welpengruppen sind eine relativ neue Erscheinung. Erst vor etwa 15 Jahren begannen sie, sich zu verbreiten. Inzwischen ist der Besuch einer Welpengruppe für viele Hundehalter fast schon selbstverständlich. Es gibt aber immer noch Gegenden, wo diese Idee bestaunt und belacht wird und die Hundeschulen sehr große Mühe haben, genug Interessenten für ihren „Welpenkindergarten" zu finden. Doch warum sind Welpengruppen heute so wichtig?

Ein Kindergarten für Welpen

Manchmal weiß ich selber nicht recht, wie ich das nennen soll, was ich da in meiner Hundeschule anbiete: „Welpenspielgruppe" passt nicht, denn es wird ja nicht nur gespielt. „Welpenprägung" ist es auch nicht, denn die Prägungsphase ist schon lange vorbei, wenn die Welpen mit frühestens acht oder neun Wochen erstmals zu uns kommen. „Hundevorschule" klingt zu sehr nach Schulbänken und Stillsitzen. „Welpenkindergarten" trifft es ganz gut, nur dass man sein Kind ja im Kindergarten in der Obhut der Betreuerinnen lässt, beim Welpen aber selber dabei bleibt. Also sage ich bei Anfragen am Telefon meistens einfach nur „Welpengruppe".

Der Kontakt zu fremden Welpen in der Welpengruppe soll die fehlenden Wurfgeschwister ersetzen.

Wozu aber soll man nun eigentlich einander fremde Welpen ein- oder zweimal wöchentlich zusammenbringen? Welpengruppen sind vor allem ein Versuch, den Welpen das zu ersetzen, was ihnen entgeht, wenn man sie von Mutter und Geschwistern trennt. Die Idee dahinter war und ist, den Hunden die Gelegenheit zu geben, Sozialverhalten unter Hunden einzuüben. Das kommt tatsächlich etwas zu kurz, wenn man den Welpen mit zirka acht Wochen aus dem Wurf nimmt. Andererseits ist der frühe Zeitpunkt der Abgabe für die meisten Welpen richtig, da sie gleich in die Umwelt hineinwachsen, in der sie später leben sollen.

Schlappohr trifft Stehohr: Durch das Zusammenbringen von Welpen verschiedener Rassen möchte man das Lernen von „Fremdsprachen" ermöglichen.

Vermeidung von Aggression

Die Erwartungen an das Konzept der Welpengruppen waren anfangs groß. Man ging davon aus, dass Aggressionsprobleme unter Hunden bald der Vergangenheit angehören würden, wenn das Konzept der Welpengruppen sich nur allgemein durchsetze. Da früher auch das Bewusstsein fehlte, wie wichtig die ersten Wochen beim Hund sind und die Meinung vorherrschte, dass die eigentliche Erziehung erst mit einem Jahr beginnen würde, boten die Welpengruppen überdies die Möglichkeit, Hundehaltern die Idee der Welpenfrüherziehung nahezulegen.

Wurden die Erwartungen erfüllt?

Die Antwort fällt teilweise ernüchternd aus. Zunächst einmal: Ein Welpe kann auch heute noch zu einem völlig normalen Hund heranwachsen, ohne je eine Welpengruppe besucht zu haben. Es gibt auch noch keine wissenschaftlichen Studien darüber, wie sich der Besuch von Welpengruppen auf das spätere Verhalten der Hunde auswirkt, unter anderem, weil dies methodisch nur sehr schwer zu erfassen ist. Überdies (und dies ist tatsächlich wissenschaftlich belegt!) ist die wichtigste Prägungsphase schon abgeschlossen, ehe der Hund zum ersten Mal in eine Welpengruppe kommt. Waren die ersten acht Wochen miserabel, kann das auch die beste Welpengruppe nicht mehr wirklich auffangen. Außerdem reicht der Besuch einer Welpengruppe allein nicht aus. Der Welpe muss auch darüber hinaus gefördert werden. Auch gibt es leider nach wie vor aggressive Hunde. Offenbar lag es nicht an der fehlenden Sozialisierung: Erbfaktoren und andere Einflüsse spielen eine ebenso große Rolle. Zu guter Letzt sei noch gesagt, dass es auch nicht reicht, Welpen nur irgendwie zusammenzubringen. Eine schlechte Welpengruppe (von der es leider allzu viele gibt) schadet mit Sicherheit mehr, als sie nutzt. Welpen können durchaus durch traumatische Erfahrungen oder auch in die

falsche Richtung laufende Lernprozesse ausgerechnet jene Probleme entwickeln, denen man doch eigentlich durch den Besuch der Welpengruppe vorbeugen wollte.

Förderung von Basiswissen

Trotz dieser Bedenken sind Welpengruppen prinzipiell eine gute Sache und eine große Chance. Es ist weitgehend den Welpengruppen bzw. ihren Initiatoren und Befürwortern zu verdanken, dass wichtige Themen wie Sozialisierung, Umweltgewöhnung und Früherziehung inzwischen zum Basiswissen über Hunde gehören. Über Welpengruppen erreichen diese Informationen auch diejenigen Hundehalter, die sich vielleicht vor der Anschaffung des Welpen nicht genug Gedanken darum gemacht haben. Welpenbesitzer können in der Welpengruppe wertvollen Rat und Hilfe bei der Erziehung ihres Hundes bekommen und der erfahrene Leiter kann sie auch gegebenenfalls auf eventuell eintretenden Fehlentwicklungen aufmerksam machen und helfen, bei aufkommenden Problemen rechtzeitig entgegenzusteuern. Zudem ist enger Kontakt zu geeigneten Artgenossen zweifellos gut und wichtig für Welpen und junge Hunde, und nicht jeder Hundehalter hat die Möglichkeit, seinem Welpen diese selbst und „unorganisiert" zu verschaffen. Auch die Vermutung, dass das Einüben von Beißhemmung oder konfliktvermeidenden Verhaltensweisen unter Gleichaltrigen am besten geht, liegt nahe. Denn die Geschwister wären auch dann die wichtigsten Sozialisierungspartner für den Welpen, wenn er in einem Hunderudel aufwachsen würde. Nicht zuletzt haben Mensch und Hund in einer gut geführten Welpengruppe auch einfach viel Spaß.

Fazit: Welpengruppen grundsätzlich ja! Aber – lieber gar keine Welpengruppe besuchen als eine schlechte. Und: Allein der Besuch einer Welpengruppe reicht nicht für eine gute Sozialisierung und Umweltgewöhnung.

Bereits in der vierten Woche sind die Welpen auf den Beinen. Es läuft aber alles noch in Zeitlupe ab.

Entwicklungsphasen des Welpen

Die Zeit des Heranwachsens kann in Phasen eingeteilt werden. Der genaue Zeitpunkt und die genaue Dauer der Phasen (mit Ausnahme der Prägungsphase) sind je nach Rasse oder Individuum etwas verschieden.

Was der Hund in „sensiblen Phasen" – also zeitlich begrenzten Entwicklungsabschnitten – lernt, behält er besonders dauerhaft. Es prägt sein Verhalten für sein ganzes weiteres Leben. Solche „sensiblen Phasen" sind vor allem die Prägungsphase und die Sozialisierungsphase.

Die ersten drei Wochen

In den ersten ein bis drei Wochen nach der Geburt passiert noch nicht viel. Die Welpen sind zunächst noch taub und blind. Sie saugen, schlafen und werden von der Mutter geputzt. Die Augen und Ohren öffnen sich erst etwa ab dem zehnten Lebenstag. In der dritten Woche beginnen die Welpen noch ganz tapsig zu laufen und miteinander zu spielen. Für ihr „Geschäft" verlassen sie nun gezielt das Wurflager. Sie beginnen also schon, „stubenrein" zu werden. Für die weitere Stubenreinheit ist es wichtig, dass der Züchter ihnen die Möglichkeit gibt, die Grenze ihres Wurflagers zu überschreiten.

Bewältigung von Stress

Man hat herausgefunden, dass schon vor dem Öffnen der Augen wichtige Entwicklungsprozesse anlaufen. Bereits in diesem Stadium beginnt die Weichenstellung in Sachen Stressbewältigung und Frustresistenz. Für ein „starkes Nervenkostüm" brauchen die Welpen einerseits eine geborgene Kinderstube und eine entspannte Mutterhündin (das ist sogar schon vor der Geburt wichtig). Aber es ist besonders förderlich, wenn sie schon jetzt hin und wieder milden Stressreizen ausgesetzt werden. Das allgemein übliche tägliche Wiegen der Welpen erfüllt diesen Zweck. Zusätzlich kann man die Welpen noch täglich etwas mit den Händen abrubbeln, sie kurz auf den Rücken drehen usw. Und obwohl sie natürlich ein trockenes Lager brauchen, sollte man es ihnen doch nicht allzu bequem machen, indem man zum Beispiel eine Wärmelampe über das Lager hängt. Auch das gezielte Anlegen an die Zitze sollte man unterlassen. Die Anstrengung, die es braucht, die Zitzen zu finden, sich an der „Milchbar" den anderen Welpen gegenüber durchzusetzen und sich aneinander zu kuscheln, um sich gegenseitig zu wärmen, sind für die Entwicklung wichtige Anreize.

Info   Phasen auf einen Blick

1. und 2. Woche	Vegetative Phase
3. Woche	Übergangsphase
4. bis 8. Woche	Prägungsphase
9. bis 14./16. Woche	Sozialisierungsphase
4 bis 6 Monate	Flegelphase
Zwischen 8 und 12 Monaten	Pubertät
Etwa ab 2 Jahren	Erwachsenenstatus

Wackelige Untergründe schulen den Gleichgewichtssinn und die Trittsicherheit.

Die Prägungsphase (4.–8. Woche)

Die sogenannte Prägungsphase ist ohne Übertreibung die wichtigste Zeit im Leben eines Hundes. Es ist eine Zeit rasanter Entwicklung und täglich neuer Eroberungen. Alles, was dem Welpen in diesem Alter begegnet, wird schnell selbstverständlich für ihn, da die Neugier die Angst vor Fremdartigem noch bei Weitem übersteigt. Später ändert sich das und der Hund reagiert ähnlich wie ein Wildtier, nur in abgeschwächter Form, vorsichtig bis ängstlich auf ihm neue Dinge. Daher müssen Welpen in dieser Zeit – natürlich dosiert – den verschiedensten Umweltreizen ausgesetzt werden. Der Welpe lernt dadurch auch, mit Neuem fertig zu werden und mit dem damit verbundenen Stress umzugehen. Vor allem sollte man die Welpen bereits jetzt an Dinge gewöhnen, die Hunden erfahrungsgemäß leicht Angst machen, wie laute Geräusche, grabschende Menschenhände, glatte oder wackelige Böden usw. Hunde, die in der Prägephase zu isoliert aufwachsen, sind später meist scheu, überängstlich und stressanfällig. Daraus entstehen leider nicht selten Probleme wie z.B. übermäßiges Verbellen von Fremden oder Unverträglichkeit mit Kindern. Und all das kann sich durchaus erst so richtig zeigen, wenn der Hund erwachsen wird!

Individuelle Unterschiede zeigen sich. Einer ist besonders neugierig, einer ein kleiner Draufgänger und ein anderer eher vorsichtig.

Soziales Lernen
Der Welpe verbringt die Prägungsphase meist noch beim Züchter, zusammen mit der Mutterhündin und seinen Geschwistern, die wichtige „Erziehungsaufgaben" übernehmen. In der Prägungsphase wird gelernt, wer „Artgenosse" ist und Sozialverhalten eingeübt. Einzelwelpen und solche, die bereits mit sechs Wochen oder früher von Mutter oder Geschwistern getrennt wurden, haben später oft Defizite im Sozialverhalten und sind schwerer zu erziehen. Aber auch auf seine wichtigsten Sozialpartner, die Menschen, muss der Welpe in diesem Alter geprägt werden. Dazu bedarf es häufigen und engen Kontaktes mit vielen verschiedenen Menschen, der natürlich möglichst freundlich ablaufen sollte. Es reicht also nicht, wenn sich nur die Züchterfamilie – wie liebevoll auch immer – um die Welpen kümmert. Mindestens zwei- oder dreimal die Woche sollten sie Besuch von anderen, immer neuen Menschen (auch Kindern) bekommen, die mit ihnen spielen, sie streicheln und auch einmal auf den Schoß nehmen. Für die künftige Stubenreinheit ist es außerdem sehr positiv, wenn die Welpen bereits jetzt verschiedene Bodenarten zur Verfügung haben und die Möglichkeit bekommen, sich selbstständig von Schlaf- und Spielplatz zu entfernen, wenn sie sich lösen müssen.

Die Sozialisierungsphase (9.– 16. Woche)
Die meisten Welpen wechseln zu Beginn dieser wichtigen Phase in ihr neues Zuhause, und das ist auch gut so. Umweltgewöhnung und Sozialisierung müssen weitergeführt und erste Erziehungsaufgaben in Angriff genommen werden. Denn in diesem Alter übt der Welpe vor allem den Umgang mit anderen Hunden und Menschen und lernt die „Spielregeln" des Sozialverhaltens.

Die Welpen sind nun wesentlich unternehmungslustiger und werden immer aktiver. Sie sollten in dieser Phase unbedingt auch Kontakt zu fremden Hunden bekommen und an Straßenverkehr, Autofahren, Leinenführigkeit usw. gewöhnt werden. Sie sollen nun auch eigene Erfahrungen machen, ohne sich hinter Mutter oder Geschwistern „verstecken" zu können. All das kann selbst der engagierteste Züchter nicht mehr allein leisten.

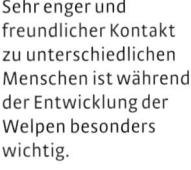

Sehr enger und freundlicher Kontakt zu unterschiedlichen Menschen ist während der Entwicklung der Welpen besonders wichtig.

Welpen begrüßen erwachsene Hunde in der Regel unterwürfig bis aufdringlich, während die Älteren die Welpen meist eher ignorieren.

Die „Flegelphase" (4– 6 Monate)

Aus dem Welpen ist ein Junghund geworden. Er wird sozusagen „flügge". Er ist jetzt selbstständiger. Der Jagdtrieb und das Verlangen, allein herumzustreunen, erwachen. Der Junghund ist zeitweise richtig „guckig" und reagiert plötzlich auch auf weit entfernte bewegte Objekte. Besonders Artgenossen üben auf Junghunde eine unwiderstehliche Anziehungskraft aus. Viele Hunde versuchen in diesem Alter auch erstmals, Jogger oder Radfahrer zu jagen und über den Gartenzaun zu klettern. Manchmal überkommen den Junghund „Rennfieberanfälle" oder eine Art vorübergehendes Scheuverhalten – er kommt dann gar nicht mehr heran und lässt sich nicht greifen oder anleinen. Der im Idealfall bisher schon aufgebaute Gehorsam kann plötzlich wieder wesentlich verschlechtert sein. Um zu verhindern, dass der Junghund sich Unarten angewöhnt, sollte er in dieser Phase gegebenenfalls mehr kontrolliert und z.B. an der langen Leine geführt werden. Ansonsten muss man sich keine allzu großen Sorgen machen. Ein gut sozialisierter und gut erzogener Hund fängt sich auch wieder.

Ein pubertierender Hund kann einem vorübergehend das Gefühl geben, als wäre die ganze Erziehung nutzlos gewesen.

**Die Pubertät
(zwischen 8 und 12 Monaten)**
Der Junghund wird geschlechtsreif, interessiert sich ganz besonders für Geschlechtspartner und wird nun eventuell auch mal in Rangstreitigkeiten hineingezogen beziehungsweise sucht diese mit gleichgeschlechtlichen Artgenossen. Er ist vielleicht unkonzentriert und wirkt unsicherer als sonst. Manchmal scheint er alles vergessen zu haben, was er bis dahin gelernt hatte, dann wieder ist er ausnehmend brav. Viele Hunde fangen in diesem Alter erstmals an, „aufzupassen" und z.B. Fremde am Grundstück durch Gebell zu melden. Da sie sich dabei aber noch unsicher fühlen, übertreiben sie es oft. Am besten wappnet man sich mit viel Langmut und Geduld, um die Pubertät des Hundes gut zu überstehen, und schraubt intensives Gehorsamstraining (wie z.B. für den Hundesport) gegebenenfalls vorübergehend etwas zurück. Andererseits braucht der Hund Konsequenz und Führung, z.B. um das Wachverhalten in die richtigen Bahnen zu lenken. Kommt es – besonders bei Rüden – zu Zusammenstößen mit Gleichgeschlechtlichen, sollte man das zwar nicht überbewerten, aber solchen Situationen doch soweit wie möglich aus dem Weg gehen. Denn eine gewisse Neigung zum Kräftemessen kann sich durch entsprechende Lernerfahrungen durchaus festsetzen.

**Der Hund wird erwachsen
(etwa ab 2 Jahren)**
Der Hund wird jetzt meist etwas gesetzter und wirkt irgendwie „würdevoller". Viele Hunde hören in diesem Alter auf, mit jedem Artgenossen zu spielen, den sie treffen. Bei einzelnen Hunden kann sich leider noch bis zu einem Alter von etwa drei Jahren herausstellen, dass sie sich mit gleichgeschlechtlichen Artgenossen nicht mehr vertragen. Manche Hunde fangen auch erst jetzt an, das Grundstück zu bewachen. Die Erziehung des Hundes ist im Großen und Ganzen abgeschlossen. Wenn man keine allzu großen Fehler gemacht hat, kann man sich jetzt ein wenig zurücklehnen und die Früchte der Mühen genießen.

**Bis ca. anderthalb Jahren –
Phasen erhöhter Ängstlichkeit**
Bis zum Alter von ca. anderthalb Jahren machen Hunde immer wieder Phasen erhöhter Ängstlichkeit durch, die

Entwicklungsphasen des Welpen

Früh übt sich, was einmal ein Meister werden will.

manchmal nur ein paar Tage, manchmal ein paar Wochen anhalten. Oft ist dies um die elfte Woche herum der Fall und dann wieder im Zahnwechsel und in der Vorpubertät. Der Hund ist dann in neuen Situationen unsicher oder schreckhaft oder reagiert erneut ängstlich auf Dinge, die ihm eigentlich schon vertraut waren. Zum Beispiel bellt er plötzlich mit gesträubtem Fell ein Verkehrsschild an, an dem er schon viele Male vorbeigekommen ist. Solche Phasen sind normal und gehen von selbst vorüber. Man sollte allerdings in dieser Zeit, wenn möglich, besonders stressige Erlebnisse vermeiden, wie z.B. den Besuch einer großen Hundeausstellung, Operationen oder einschneidende Veränderungen wie einen Besitzerwechsel. Ist der Hund offensichtlich in einer solchen Angstphase, sollte man auch mit der weiteren Umweltgewöhnung vorübergehend „halblang" machen, um ihn nicht zu überfordern.

„Junge Wilde" lastet man am besten durch viel Bewegung und Beschäftigung aus.

Die Welt beim Züchter

Auf in die Welt
Die ersten Tage

Bereits in den ersten Tagen reagieren die Welpen auf Berührungen, können Temperaturschwankungen fühlen und auch Schmerz empfinden. Durch regelmäßiges Wiegen und Kontrollieren durch den Züchter haben sie erste Kontakte mit Menschen. Etwa in der zweiten Lebenswoche öffnen die Welpen ihre Augen und können Geräusche wahrnehmen.

Mit allen Sinnen
Suche nach Nahrung

In den ersten beiden Wochen ist Schlafen und Fressen das Wichtigste. Durch Pendelbewegungen (Sich-Im-Kreis-Drehen) finden die Welpen immer wieder die Zitzen der Mutter. Hier gibt es bereits erste Rangeleien mit den Geschwistern um die beste Nahrungsquelle. Dieser milde Stress ist wichtig für die weitere Entwicklung.

Immer in Kontakt
Sozialverhalten lernen

Geschwister sind für alles zu haben: Man kann sich wohlig an sie hinkuscheln, mit ihnen Ringkämpfe veranstalten und sie unsanft ins Ohr zwicken. Doch der kleine Zwicker lernt auch, dass Geschwister ebenfalls spitze Zähnchen haben und diese einsetzen oder einfach davonlaufen und nicht mehr mitspielen. So wird Sozialverhalten spielerisch geübt.

Immer was los
Alltag beim Züchter

Welpen sollten es nie langweilig haben und bereits beim Züchter können sie allerlei kennenlernen. Da wird gesaugt, geputzt, es klingelt an der Tür, Besuch begrüßt freudig die Kleinen, das Radio läuft, Kater Paul liegt im Sessel und lässt die Pfote baumeln – Alltag pur. Welpen, die unter solchen Aufzuchtbedingungen aufwachsen, passen sich schnell ihrer neuen Umwelt an und stehen dieser meist unerschrockener gegenüber.

Halt, so nicht
Mama setzt Grenzen

Von den „Alten" kann man nur lernen. Zwar scheint es, als ob Welpen alle Narrenfreiheit der Welt genießen, doch auf der Nase lässt sich Mutter Hund noch lange nicht herumtanzen. Wird es ihr zu bunt, wird der Aufmüpfige kurz und knapp in seine Schranken verwiesen. In dieser Hinsicht kann man sich von der Hündin etwas abschauen: Eine Zurechtweisung ist nachdrücklich und „dramatisch", aber kurz. Vorher wird deutlich gewarnt (NEIN) und Sekunden später ist alles vergeben und vergessen.

Auf großer Fahrt
Umwelt kennenlernen

Viele Züchter scheuen keine Mühe, packen die Welpen samt Mutter ins Auto und fahren ins Grüne. Der Vorteil: Die Welpen werden bereits ans Autofahren gewöhnt und lernen in der schützenden Nähe ihrer Mutter die Umwelt kennen.
Auch setzen viele Züchter bereits den Komm-Pfiff ein, indem sie die Welpen an die Futterschüssel pfeifen. Für den späteren Welpenhalter wird so ein wichtiger Grundstein der Erziehung gelegt.

Gründung und Organisation

Das richtige Grundstück

Damit Welpen auch noch nach der Abgabe Kontakt zu anderen jungen Hunden bekommen und weiteres Sozialverhalten lernen, sind Welpengruppen unerlässlich. Doch damit diese sinnvoll funktionieren, ist eine sehr gute Planung und Organisation wichtig.

Sei es gewerblich, ehrenamtlich in einem Hundeverein oder – vielleicht von einem Züchter für seine Welpenkäufer – privat organisiert: Möchten Sie eine Welpengruppe eröffnen, sind im Vorfeld einige Dinge zu klären. Zum Beispiel: Wo soll Ihre Welpengruppe stattfinden?

Ein schöner fester Zaun rund um das Gelände ist natürlich für Besitzer und Gruppenleiter sehr beruhigend. Dahinter ist die quirlige Welpenschar gut aufgehoben.

Der Traum von einem Gelände

Fangen wir mit dem Ideal an: eine schöne trockene Wiese, sicher eingezäunt, mit mehreren „Abteilen" und einer Unterstellmöglichkeit für Zubehör – alles natürlich eigens für die Welpengruppe, so dass man das Gelände beliebig gestalten kann.

Ein Gartenschlauch ermöglicht es, bequem das Planschbecken und die Wassernäpfe zu füllen. Parkplätze sind natürlich wichtig und eine kleine Halle für schlechtes Wetter. Dazu sanitäre Anlagen, eine Teeküche und ein (beheizter) Innenraum mit Tafel, Beamer und Fernseher, in dem Theorie abgehalten werden kann. Gleich hinter dem Gelände beginnt eine interessante Landschaft mit Bachlauf, Holzbrücke, Sandhügeln und Wäldchen, ohne Autoverkehr und ziemlich menschenleer. Selbstverständlich darf man dort Hunde frei laufen lassen.

In maximal zehn Minuten Autofahrt-Entfernung brauchen wir für unsere Außentermine noch eine kleine Stadt mit Einkaufszone, Fahrstühlen, Unterführungen, Busbahnhof, U-Bahn-Station und Parkplätzen in zentraler Lage sowie einen kleinen Tierpark, in den man Hunde mitnehmen darf. Sollten Sie über so ein Gelände verfügen, möchte ich Sie beglückwünschen (und frage mich, was die Teilnahme an der Welpengruppe bei Ihnen kostet). Falls Sie kein solches Gelände haben: Träumen Sie ruhig weiter.

Mindestanforderungen
Ausreichend ist ein abgelegenes Gelände, das man mit dem Auto erreichen kann und wo unmittelbare Gefährdungen wie Autoverkehr, dichter Fußgängerverkehr oder Stacheldrahtzäune mit Vieh dahinter weit genug entfernt sind, so dass nach menschlichem Ermessen nichts passieren kann, auch wenn ein Welpe mal etwas weiter wegläuft. Dazu ein fachkundiger Leiter, der einen Napf und einen Kanister Wasser dabei hat. Vermutlich wundern Sie sich nun etwas. Kein Zaun? Kein buntes „Bällebad", kein Kinderzelt? Nicht zwingend. Ich kenne Welpengruppen, die seit Jahren in einem entsprechenden offenen Gelände auf einer großen Waldwiese oder in Form von „Bummelspaziergängen" abgehalten werden und problemlos funktionieren. Sich langsam ein Stück durch die Landschaft zu bewegen hat sogar gewisse Vorteile. Die Gruppe sortiert sich meist ganz von allein: die Kleinen, Jungen oder Schüchternen am Ende, die Wilden oder Größeren weiter vorn. So mancher aufkommende Konflikt löst sich im Weitergehen in Wohlgefallen auf und die Welpen lernen ganz nebenbei, selbst darauf zu achten, wo ihre Besitzer sind. Statt Plastikrutsche und Bällebad gibt es Baumstümpfe, Gräben und

> **Tipp | Voraussetzungen**
> Trinkwasser für die Hunde muss grundsätzlich immer da sein, da das Spielen durstig macht. Ein sicher eingezäuntes Gelände ist natürlich gut und wo Straßenverkehr ist, unverzichtbar. Für die Welpengruppe ist es von Vorteil, wenn die Fläche nicht zu groß ist. So kann man schneller da sein, wenn man mal irgendwo eingreifen muss. Angenehm ist es, wenn das Gehege eine Unterteilungsmöglichkeit hat, so dass man bei Bedarf in den Spielphasen noch einmal zwischen groß und klein oder ungestüm und schüchtern trennen kann.

Hauptsache gute Laune und ein fachkundiger Leiter, dann genügt auch ein etwas improvisiertes Gelände.

Ein eigenes Gelände ermöglicht es, auch Klettergeräte aufzustellen.

hohes Gras, durch das man sich kämpfen muss. Die meisten Welpengruppen bewegen sich wohl irgendwo zwischen den Extremen.

Außentermine

Außentermine im Tierpark, in der Fußgängerzone oder auf dem Bahnhof sind grundsätzlich wünschenswert, müssen aber gut vorbereitet und betreut sein. Sonst artet es womöglich darin aus, dass unerfahrene Hundehalter ihre überforderten Welpen an der Leine hinter sich herziehen oder die Welpen zu großem Stress ausgesetzt sind, während der Gruppenleiter hin und her hetzt, um das Schlimmste zu verhindern. Also: Außentermine ggf. zusätzlich zur „normalen" Welpengruppe und nur für die Teilnehmer, die schon ein paar Mal dabei waren. So kennen Sie Ihre Pappenheimer schon und können entscheiden, ob es für den einen oder anderen Welpen noch zu viel wäre. Und nur in kleinen, übersichtlichen Gruppen mit enger Betreuung, d.h. so etwa maximal sechs Hunde auf ein oder noch besser zwei Betreuer.

> **Info | Versicherungsfragen**
>
> Alle Ihre Teilnehmer sollten eine Haftpflichtversicherung für den eigenen Hund abgeschlossen haben. Auch wenn dieser noch ein harmloser Welpe ist: Läuft er einem anderen Teilnehmer unglücklich vor die Füße, so dass dieser stürzt und sich etwas bricht, ist prinzipiell der Besitzer haftbar. Aber was ist, wenn z.B. ein Welpe (oder gar ein Kind) von einem der von Ihnen angebotenen Klettergeräte fällt und sich verletzt? Oder wenn Sie selbst versehentlich auf einen acht Wochen alten Zwergpudelwelpen treten? Sie brauchen also, wenn Sie Ihre Welpengruppe gewerblich betreiben, eine Betriebshaftpflichtversicherung. Hundesportvereine haben entsprechende Versicherungen. Es muss jedoch unbedingt geklärt werden, ob der Versicherungsschutz auch Teilnehmer mit einschließt, die nicht Vereinsmitglied sind. Und wenn Sie die Gruppe privat veranstalten, sollten Sie eine Privathaftpflichtversicherung haben.

Hier sollte der Betreuer darauf achten, dass es dem Verfolgten nicht zu viel wird und gegebenenfalls zu seinen Gunsten eingreifen.

Zusammensetzung der Gruppe

Grundsätzlich kann man eine Welpengruppe auf zwei Arten organisieren: als offene oder geschlossene Gruppe.
> „Offen" bedeutet: hier werden neue Welpen jederzeit integriert.
> „Geschlossen" bedeutet: Es kommen immer dieselben Teilnehmer.

Natürlich wäre es in gewisser Hinsicht ideal, man könnte jede Woche mit einer neuen Gruppe von Welpen beginnen, die vom Alter, von der Größe und vom Typ her gut zueinander passen und für die Zeit des Heranwachsens eine Art „Peergroup" bilden. Jedoch haben nur wenige Hundeschulen so viel Zulauf. Welpengruppen werden daher meist als offene Gruppen betrieben, was den Vorteil hat, dass die Welpen im Laufe der Zeit viele verschiedene Artgenossen kennenlernen und üben können, neue Bekanntschaften zu schließen. Der Nachteil ist, dass man nie genau weiß, wer kommt, so dass mal mehr, mal weniger Hunde da sind, die mal mehr, mal weniger harmonisch miteinander spielen. Schwierig wird es dann, wenn bei schlechtem Wetter nur drei Welpen da sind, von denen einer nicht spielen will, der zweite klein und ängstlich und der dritte groß und dreist ist.

Schulung der Besitzer
Ein weiterer Nachteil offener Grupen besteht darin, dass man immer wieder dieselben Erklärungen abgeben und dieselben Fragen beantworten muss. Die Unterweisung der Besitzer ist unter diesen Umständen nicht so effektiv. Wir lösen dieses Problem seit einigen Jahren, indem wir zusätzlich zur offenen Welpen(spiel)gruppe, die vornehmlich der Sozialisierung dient, geschlossene Welpenerziehungskurse anbieten, in denen die Früherziehung der Hunde und die Schulung der Besitzer im Vordergrund steht. Natürlich

sind auch andere Modelle möglich. Zum Beispiel kann sich einer der Leiter oder Assistenten in den Übungsphasen der Neuen annehmen und mit ihnen Basisübungen machen und die üblichen Fragen beantworten, während die Fortgeschrittenen von jemand anderem betreut werden.

Anzahl der Welpen

Man kann sich leicht vorstellen, dass es eine Reizüberflutung darstellen kann, wenn 20 Welpen durcheinander wuseln. Daher wird eine Gruppengröße von sechs bis sieben Hunde allgemein als ideal angesehen. Das heißt aber nicht, dass die Gruppe schlecht ist, nur weil hin und wieder auch mal zehn oder zwölf Hunde gleichzeitig daran teilnehmen. Manchmal spielen zwölf Welpen harmonisch und stressfrei miteinander, ein andermal muss man schon sechs Welpen in zwei Gruppen aufteilen, wenn sie aus irgendwelchen Gründen nicht gut zueinander passen oder auch noch ein paar Streithansel dabei sind. Wichtiger als die absolute Größe ist also die Zusammensetzung der Gruppe. Die Welpen müssen in Größe und Spielverhalten einigermaßen zueinander passen.

Welpen und Junghunde

Sinnvoll ist auf jeden Fall die übliche Trennung von Welpen (von acht bis 18 Wochen) und Junghunden (über 18 Wochen). Die Junghundgruppe wird manchmal Rüpelgruppe genannt – eine Bezeichnung, die ich persönlich nicht mag, da sie wie eine Art selbsterfüllende Prophezeiung wirkt. Um zu entscheiden, welcher Hund in welche Gruppe passt, sind Größe, Persönlichkeit und (Spiel-)Verhalten wichtiger als das Alter. Wenn es auch eine große Variationsbreite gibt, ändert sich doch die Art der Spiele und des gesamten Verhaltens mit etwa vier bis fünf Monaten deutlich, manchmal innerhalb von kurzer Zeit.

Die Junghunde sind nicht nur größer, sondern spielen auch deutlich wilder als die Welpen.

In der Junghundgruppe geht es deutlich öfter um Status und „sich durchsetzen".

Die jungen Wilden

Die Junghundspiele sind wilder und gröber und enthalten einen höheren Anteil an Rennspielen und rassetypischen Verhaltensweisen. Die Junghunde sind in ihren Bewegungen wesentlich besser koordiniert und damit schneller, wendiger und kräftiger als die tapsigen Welpen. Sie sind auch mehr daran interessiert, untereinander auszutesten, inwieweit sie sich durchsetzen können, so dass es eher mal zu Auseinandersetzungen oder Mobbingsituationen kommt. Bei frühreifen Hunden spielt bereits sexuelles Verhalten mit hinein. Andererseits sind die Halbwüchsigen im Gegensatz zu erwachsenen Hunden wilder und „rücksichtsloser" gegenüber Welpen. Daher ist die Kombination sechs Monate alter Junghund und neun Wochen alter Welpe gelinde gesagt nicht sehr glücklich.

Auf den Charakter kommt es an

Da aber auch die Größe eine Rolle spielt und ängstliche Hunde manchmal trotz ihres Alters in der Junghundgruppe (noch) nicht zurechtkommen, kann es durchaus sinnvoll sein, einen sieben Monate alten Zwergpinscher oder einen schüchternen fünf Monate alten Neufundländer in der Welpengruppe zu belassen, während ein eher zu grobem Spiel neigender Hovawart oder Ridgeback vielleicht schon mit knapp vier Monaten zu den Älteren wechseln muss. Eine Rolle spielt auch die momentane Gruppenzusammensetzung. Hat man zum Beispiel zufällig viele kleine Hunde in der Welpengruppe,

> **Tipp | Vielfalt an Typen**
>
> Grundsätzlich ist es besser, wenn alle möglichen Rassen und Mischungen an der Welpengruppe teilnehmen, da die Welpen ja auch „Fremdsprachen" lernen sollen. Rassehundevereine sollten also ihre Welpengruppen für andere Rassen und Mischlinge öffnen und Züchter dies entweder auch tun oder ihre Teilnehmer ermuntern, zusätzlich auch noch eine gemischtrassige Welpengruppe zu besuchen.

müssen größere vielleicht etwas früher als üblich zu den Junghunden wechseln. Eine Art Zwischengruppe wäre sicher im Prinzip wünschenswert, lässt sich jedoch in den meisten Hundeschulen mangels Anzahl nicht organisieren. Gegebenenfalls verteilen wir jedoch in unseren Gruppen die anwesenden Hunde für die Spielphasen noch einmal auf zwei Flächen. Wer in welche Untergruppe kommt, entscheidet sich nach Tagesform, Größe, Spielverhalten und persönlichen Abneigungen und Freundschaften.

Ende der Junghundzeit

Der Zeitpunkt des endgültigen „Rausschmisses" aus der Junghundgruppe ist vielleicht noch variabler als der des Wechsels von den Welpen zu den Junghunden. Er erfolgt, wenn der Junghund den anderen entweder von der Größe her zu sehr überlegen ist oder sein Verhalten „zu erwachsen" wird, d.h. das sexuelle oder statusbezogene Verhalten in den Vordergrund tritt. So muss man manche Hunde bereits mit fünf Monaten endgültig verabschieden, während andere bleiben können, bis sie ein Jahr alt sind.

Kleinhundgruppen

Spezielle Welpengruppen für Klein- und Zwerghunde wären an sich eine gute Sache, da es leider oft nicht möglich ist, zarte Kleinhunde wie z.B. Chihuahuas, Malteser usw. in eine normale Welpengruppe zu integrieren. (Während dies bei robusteren Rassen wie Dackeln, Jack Russell Terriern usw. meist ganz gut gelingt.) Leider haben aber nur wenige Hundeschulen so viel Zulauf, dass sie zusätzlich noch eine „Minigruppe" anbieten können.

Der Klügere gibt nach! Der Retriever verzichtet auf ein Imponierduell mit dem Jagdhund.

Gründung und Organisation

Vor dem ersten Besuch einer Welpengruppe sollte man sich und dem Welpen ein paar Tage Zeit lassen, um eine Bindung aufzubauen.

Der optimale Zeitpunkt

Grundsätzlich ist es wünschenswert, dass Welpen so früh wie möglich in die Welpengruppe kommen. Erstens ist die Integration dann meist einfacher, und zweitens ist die Sozialisierungsphase kurz und sollte unbedingt genutzt werden. Da der Welpe vor dem ersten Besuch einer Welpengruppe ein paar Tage Zeit braucht, um sich in seinem neuen Zuhause einzuleben, kommen die Welpen frühestens mit etwa neun Wochen in die Gruppe. Eine Ausnahme sind sehr kleine Rassen, die mit neun Wochen im Verhältnis zu den anderen Welpen einfach noch zu winzig sind. Hier würde ich empfehlen, erst mit zwölf Wochen zu beginnen.

Die Sache mit dem Impfschutz

Leider ist teilweise noch die Ansicht verbreitet, dass man erst nach der zweiten Impfung des Welpen kommen sollte. Das wäre dann aber erst mit etwa 14 Wochen, d.h. die Sozialisierungsphase ist schon beinahe um. Die übergroße Vorsicht ist auch sinnlos. Der Welpe kann sich Infektionen an jeder Straßenecke holen. Man müsste ihn also bis zu diesem Alter völlig isoliert halten, um ganz sicher zu gehen. Er wäre dann jedoch mit ziemlicher Sicherheit im Verhalten schwer gestört. Zudem trifft man beim Spaziergang vermutlich sowieso auf andere Hunde, von denen man nicht weiß, ob sie geimpft und gesund sind. Da es bestimmt weniger gefährlich, eine Welpengruppe zu besuchen, bei denen alle Hunde zumindest die erste Impfung haben.

Häufigkeit und Dauer

Da die Sozialisierungsphase so kurz ist, sollten Welpengruppen mindestens einmal wöchentlich angeboten und besucht werden. Zwei Termine die Woche sind natürlich auch gut, aber es ist verständlich, wenn es für viele Welpenbesitzer aus terminlichen Gründen schwierig ist, zweimal (oder wenn sie zusätzlich einen Erziehungskurs besuchen womöglich dreimal) wöchentlich zu kommen. Außerdem soll der Welpe unbedingt auch noch andere Umweltreize kennenlernen. Es genügt, einmal die Woche zur Welpengruppe zu gehen, wenn der Besitzer die Umweltgewöhnung und Sozialisation in der Zwischenzeit weiterführt.

In unserer Hundeschule dauert die Welpen- bzw. Junghundgruppe jeweils 60 Minuten. Da dies für eine gründliche Unterweisung der Besitzer ein bisschen knapp ist, bieten wir zusätzlich Welpenerziehungskurse an. Für das Spiel der Hunde untereinander nebst ein paar Übungen reicht eine Stunde auf alle Fälle aus. Sehr junge Welpen schicke ich manchmal auch schon nach 45 Minuten nach Hause, wenn sie offensichtlich müde sind. (Oder der Besitzer setzt sich mit dem Welpen auf dem Schoß auf einen Gartenstuhl und verschafft ihm so eine Pause.) Bei schlechtem Wetter muss man auch ein Auge darauf haben, dass sehr kleine oder dünn behaarte Hunde nicht frieren. Man kann auch durch Menge und Dauer der Übungsphasen für mehr Pausen oder mehr Bewegung sorgen.

> **Tipp | Theorie**
>
> Soll Ihre Welpengruppe wesentlich länger als 60 Minuten dauern, sollten Sie für eine längere Pause für die Welpen sorgen. Dies könnte z.B. durch zwischengeschaltete Theorieeinheiten für die Menschen geschehen. Damit Sie einigermaßen konzentrierte Zuhörer haben, brauchen Sie allerdings Sitzgelegenheiten für die Menschen und bei Kälte oder Regen einen (möglichst beheizten) Innenraum. Verfügen Sie über solch günstige Rahmenbedingungen, kann eine längere Welpengruppe mit einer Ruhephase durchaus nützlich sein, denn dabei lernen die Welpen sozusagen nebenbei, in einer Art „Restaurantsituation" und in Anwesenheit anderer Hunde auch mal zur Ruhe zu kommen.

Dauert die Welpengruppe den ganzen Nachmittag, sollte sie unbedingt auch Ruhephasen mit einschließen.

Gemeinsam im Bällebad nach Leckerchen „tauchen" geht nur, wenn keiner futterneidisch ist.

Geräte und Zubehör

Es sieht natürlich toll aus, wenn die Welpenspielwiese reichlich mit bunten Klettergeräten und sonstigen Gegenständen ausgestattet ist. Aber dass es aussieht wie in einem Kinderspielparadies sagt noch nichts über die Qualität der Welpengruppe aus. Fragen wir uns, wozu der ganze Zauber ursprünglich dienen sollte. Sicher nicht dazu, den Spieltrieb des Gruppenleiters und der anwesenden Kinder zu befriedigen, die Hundebesitzer zu beeindrucken oder die Welpen zu Zirkushunden auszubilden.

> **Info   Spiel mit Halsband oder Geschirr**
>
> Manche Veranstalter von Welpengruppen bestehen darauf, dass für die Freispielphasen das Halsband und/oder Brustgeschirr abgenommen wird, da sie die Verletzungsgefahr fürchten. Obwohl ich dies verstehe und die Gründe akzeptiere, halte ich es in meiner Welpengruppe anders. Da es bei mir in nunmehr zehn Jahren erst einmal zu einer Verwicklung gekommen ist, halte ich das Risiko für vertretbar. Wären die Welpen ganz „nackt", würde das bedeuten, dass der Besitzer seinem Welpen jedes Mal zum Anleinen das Halsband oder Geschirr überstreifen muss und ihn vielleicht am Fell festhalten muss, bis ihm dies gelungen ist. Da viele Welpen das Umlegen des Geschirrs oder Halsbandes, das Gefummel beim Anleinen und das Gegriffen-Werden sowieso nicht mögen und leicht Meideverhalten dagegen entwickeln, scheint mir das Risiko von negativen Verknüpfungen mit Menschenhänden oder dem Heranrufen zu groß.

Funktion der Geräte

> Sie bieten für die Welpen Gelegenheit, Geschicklichkeit und eine gewisse Geländegängigkeit zu erwerben, was auch für die Gehirnentwicklung förderlich ist.
> Sie regen die Welpen zum Erkunden an, stellen sie vor kleine Herausforderungen, an denen sie „wachsen" können und bieten vielfältige Umweltreize.
> Sie sind Beispiele für Hindernisse, mit denen ein Hund vielleicht einmal konfrontiert wird, wie z.B. glatte Böden, Metallroste, wackelige Holzplanken, Metallabdeckungen an einer Baustelle usw.
> Sie ermöglichen den Hundehaltern zu üben, wie sie ihren Hund motivieren können und wie sie ihn unterstützen können, wenn er mal Angst vor etwas hat. Läuft alles gut, kann man annehmen, dass das gemeinsame Tun die Bindung zwischen Hund und Besitzer stärkt.
> Sie dienen als Versteck und zur Strukturierung des Raumes, damit sich die Welpen auch mal zurückziehen oder einander aus dem Weg gehen können.

So betrachtet wird klar, dass man auch mit wenig Aufwand viel erreichen kann. Ein Ausflug in den nächsten Baumarkt oder den eigenen Garten-

Geräte und Zubehör

schuppen tut es also auch und Sie müssen auch nicht in jeder Stunde alles aufbauen. Wechseln Sie mit dem ab, was Sie zur Verfügung haben.

Weiteres Zubehör
Zur Häufchen-Entsorgung sollten Sie einen Mülleimer mit Deckel und eine Schaufel oder Plastiktütchen zum Aufnehmen zur Verfügung stellen. Selbstverständlich wird auch eine Wasserschüssel für die Welpen gebraucht (nebst einem Kanister zum Nachfüllen, da Näpfe erfahrungsgemäß dauernd umgeworfen oder bepinkelt werden). Am besten bringen Sie auch Leckerchen und einige für Welpen passende Spielzeuge mit, da nicht alle Welpenbesitzer selbst etwas dabei haben, vor allem, wenn sie zum ersten Mal da sind. Auch eine Ersatzleine kann nicht schaden.

Brustgeschirr-Verleih
Brustgeschirre sind für Welpen sinnvoll und wir empfehlen sie in unserer Welpengruppe. Da es aber wichtig ist, dass sie richtig sitzen und es ein teures Vergnügen ist, beim Heranwachsen des Hundes alle paar Wochen ein neues Geschirr zu kaufen, haben wir einen Geschirrverleihservice eingerichtet. Gegen eine kleine Gebühr kann der Welpenbesitzer ein Geschirr in der passenden Größe leihen und es gegen ein größeres tauschen oder zurückgeben, wenn sein Hund herausgewachsen ist.

Verkauf von Zubehör
Wenn Sie bestimmtes Zubehör empfehlen wie z.B. Clicker, Leckerchentasche, Futterdummy, bestimmte Leinen oder Spielzeuge usw. ist es natürlich auch eine gute Idee, diese zumindest zur Ansicht dabeizuhaben oder sogar nebenbei zu verkaufen, vor allem wenn diese Dinge im normalen Zoohandel schwer zu bekommen sind.

Welpenbesitzer sind meist froh, wenn sie gut sitzende Brustgeschirre in der Welpengruppe leihen oder eventuell auch kaufen können.

Welpen-Erlebnisparcour

Tunnel aller Art

Agility-Tunnel (muss nicht am Boden befestigt sein), Kinderspieltunnel, Plastiktonne, Holzkiste ohne Boden, Sacktunnel (diesen allerdings nur unter Aufsicht benutzen lassen, damit sich kein Welpe darin verheddert).

Decke oder Bettlaken, Plastikplane

Zum drunter Durchschlüpfen oder Drüberlaufen, zum „Verkleiden" des Besitzers oder einer Fremdperson. Man kann einen Welpen auf die Decke setzen und mit vier Helfern die Decke mitsamt Welpen vorsichtig anheben.

Kästen und Tische

Agility-Minitisch oder Tisch mit gekürzten Beinen. Stabile Holz- oder Plastikkästen. Große Pappkartons. Ein stabiler Gartentisch o. Ä. in normaler Höhe mit griffiger Oberfläche zum Heraufheben und „Tierarztspielen". Eine Hundebox als Umwelterfahrung und um den Besitzern zu zeigen, wie man den Hund daran gewöhnt.

„Vorhänge"

Aus Flatterbändern, aus an Bindfaden hängenden leeren Dosen oder Plastikflaschen o.Ä. oder ein ausrangierter Fliegenvorhang.

Laufstege, Rampen und Wippen

Aus dem Hundesportbedarf (auch geeignet: Rampen, die als Einstiegshilfe ins Auto verkauft werden), aus dem Kindergartenbedarf oder improvisiert aus Holzplanken o.Ä. Laufstege müssen natürlich niedrig und sicher befestigt sein und die Wippe sollte man in Freispielphasen wegnehmen, damit keiner darunter eingeklemmt wird.

Planschbecken

Leer, mit etwas Wasser oder mit Bällen gefüllt. Zum Hineinklettern, Planschen oder als kleine Mutprobe.

Stangen, Reifen, Bretter, Gitter, Kegel

Als Bodenhindernisse zum Drübergehen oder Hindurchschlängeln. Das fördert besonders die Koordination der Hinterbeine, die vielen Hunden von Natur aus schwer fällt.

Schubkarre oder Bollerwagen

Den Welpen hineinsetzen und behutsam ein Stück schieben oder ziehen. Zur Vorbereitung an einen Aufenthalt im Fahrradanhänger oder Paddelboot.

Anmeldung zum Welpenkurs

Selbst wenn Sie nur im eigenen Garten in privatem Rahmen eine Welpengruppe veranstalten, sollten Sie sich eine Art Anmeldung unterschreiben lassen, und zwar wegen dem sogenannten Haftungsausschluss.

Impfpasskontrolle

Während der Besitzer die Anmeldung ausfüllt, können Sie den Impfpass des Welpen kontrollieren. Eventuell notieren Sie sich vorsichtshalber noch auf der Anmeldung den Impfstoff, den Tierarzt und das Datum der letzten Impfung. Im Impfpass sind normalerweise auch ein paar Seiten, auf denen die verwendeten Namen oder Abkürzungen für die gängigsten Impfstoffe erklärt sind. Wenn Sie unsicher sind, erkundigen Sie sich am besten bei Ihrem Tierarzt, worauf man bei der Impfpasskontrolle achten muss. In der Regel steht die Abkürzung SHPL für Staupe, Hepatitis, Parvovirose und Leptospirose. Pi bezeichnet gewöhnlich eine Impfung gegen Zwingerhusten. Die Tollwutimpfung (T) braucht im Welpenalter noch nicht erfolgt zu sein. Der Welpe ist anfangs noch durch die Tollwutimpfung seiner Mutter geschützt und wird daher erst später dagegen geimpft. Vorsicht ist bei ausländischen Impfpässen angebracht. Es ist schon vorgekommen, dass aus dem Ausland importierte Welpen mit gefälschten Impfpässen ganze Welpengruppen mit gefährlichen Krankheiten angesteckt haben.

Aufnahme vor Kursbeginn

Am sichersten ist es natürlich, die ganzen Formalitäten zu erledigen, ehe Sie den neuen Teilnehmer und seinen Welpen aufs Gelände lassen. Es hilft

Ehe man sich ins Vergnügen stürzen kann, sind noch einige bürokratische Hürden zu nehmen.

Anmeldung zum Welpenkurs

Am besten erfolgt die Anmeldung und Impfpasskontrolle vor dem Betreten des Geländes.

nicht viel, nachträglich festzustellen, dass ein Hund unzureichend geimpft ist. Und ein Welpenbesitzer, der seinen Welpen hinter Ihrem Rücken auf die Wippe setzt, noch ehe er den Haftungsausschluss unterschrieben hat, könnte durchaus versuchen, Ihnen Schwierigkeiten zu machen, wenn der Welpe herunterfällt und sich dabei verletzt. Auch möchte der Besitzer sicher die ersten Momente seines Welpen in der Welpengruppe bewusst erleben und sollte ihn ggf. unterstützen können, statt Formulare auszufüllen. Und auch Sie als Leiter sollten Ihre Aufmerksamkeit in den ersten Minuten beim neuen Welpen und seiner Integration in die Gruppe haben. Auf keinen Fall darf es so laufen, dass der Welpe unten verängstigt an der Leine zappelt, während andere Welpen auf ihm herumhopsen, derweil Sie und der Besitzer oben die Anmeldung erledigen.

Anmeldung zum Welpenkurs

Name:
Straße:
Wohnort:
Tel.:
email:

Name des Hundes:
Rasse:
Geburtsdatum:
Geschlecht:

Die Teilnahme an der Welpengruppe erfolgt auf eigene Gefahr.
Jede(r) Hundehalter(in) haftet für von seinem/ihrem Hund verursachte Schäden.
Mit meiner Unterschrift erkläre ich mich mit den Teilnahmebestimmungen einverstanden.

Datum, Unterschrift Teilnehmer

Sind mehrere Personen mit der Leitung einer Gruppe befasst, müssen diese sich untereinander absprechen, wer von ihnen welche Aufgaben übernimmt.

Fragebogen

Zusätzlich zur Anmeldung können Sie einen Fragebogen mitgeben, evtl. zum Ausfüllen zu Hause. Hiermit können Sie Angaben erfragen, die für Sie als Leiter nützlich sind, um den Welpen und seine Besitzer bestmöglichst zu betreuen. Manche Fragen helfen auch dem Hundehalter, indem sie ihn z.B. dazu anregen, sich konkretere Gedanken über seine Ziele mit dem Hund zu machen. Geben Sie ihm den Fragebogen daher evtl. wieder, nachdem Sie sich eine Kopie gemacht haben. Entsprechende Fragen können z.B. sein:

> Woher und aus welchen Aufzuchtbedingungen stammt Ihr Welpe?
> In welchem Alter kam er zu Ihnen?
> Warum fiel Ihre Wahl ausgerechnet auf diese Rasse?
> Wie groß ist Ihre Familie? Wie alt sind ggf. die Kinder?
> Was erwarten Sie vom Besuch der Welpengruppe?
> Soll Ihr Hund später eine bestimmte Aufgabe erfüllen?
> Welche positiven Eigenschaften soll Ihr Welpe haben, wenn er ausgewachsen ist?
> Welche negativen Eigenschaften wären für Sie unerträglich?
> Haben Sie zurzeit irgendwelche Probleme mit Ihrem Welpen und wenn ja, welche?

Mitarbeiter

Spätestens ab einer Größe von mehr als sechs oder sieben Hunden wird ein zweiter Mann oder eine zweite Frau gebraucht. Aber auch bei einer kleinen Welpengruppe kann eine einzelne Person schnell an ihre Grenzen kommen, wenn sie gleichzeitig das Spiel der Hunde beaufsichtigen, die Fragen der Menschen beantworten und sich um die formellen Dinge wie die Anmeldungen kümmern muss. Ein Assistent oder Co-Leiter erlaubt Ihnen auch, die Gruppe ggf. nochmals zu unterteilen, was sehr hilfreich sein kann, etwa beim Integrieren von ängstlichen Welpen oder um neuen Teilnehmern eine angemessene Betreuung zukommen zu lassen. Sie sollten also ggf. schon bald anfangen, sich einen Helfer heranzuziehen, zumal die Einarbeitung auch seine Zeit dauert (siehe S. 58).

Mit Kind und Kegel in die Welpengruppe

Darf die ganze Familie den Welpen zum Hundekindergarten begleiten? Herzlich gern! Denn Kinder tragen nebenbei zur Sozialisierung auf Menschen bei. Und die allermeisten Kinder sind lieb zu den Welpen und durchaus verständig. Tut ein Kind etwas, das Ihnen nicht recht ist, erklären Sie ihm sachlich, freundlich und direkt, was Sie möchten und warum das wichtig ist. Die Erklärungen müssen natürlich etwas einfacher sein als für Erwachsene, aber wenn Sie Kinder nicht schulmeisterlich, sondern partnerschaftlich behandeln, sind sie normalerweise sehr kooperativ. Es ist aber natürlich nicht Ihre Aufgabe, fremde Kinder zu erziehen und zu beaufsichtigen (auch wenn manche Eltern sich dies offenbar insgeheim wünschen). Wenden Sie sich also an die Eltern, wenn ein Kind massiv stört, sich von Ihnen nichts sagen lässt oder um klarzustellen, dass die aufgebauten Hindernisse nicht unbedingt kindersicher sind (denn die Geräte, die man für die Welpen aufbaut, ziehen gewöhnlich auch Kinder magisch an).

Beteiligung an den Übungen
Kinder dürfen sich in meiner Welpengruppe gern an den Übungen mit dem Welpen beteiligen und werden dabei genauso ernst genommen wie die Erwachsenen. Es geht aber natürlich nicht, dass ein Kind z.B. einen Hund an der Leine führt, der ihm kräftemäßig überlegen ist, grob mit einem Welpen umgeht oder eine Aufgabe übernimmt, der es noch nicht gewachsen ist (z.B. den Welpen über die Wippe zu führen). Sollten die Eltern nicht von selbst entsprechend Einfluss auf das Kind nehmen, sprechen Sie unter vier Augen mit ihnen. Manche Eltern überschätzen die Möglichkeiten ihrer Kinder völlig und glauben im Extremfall, dass ihr Siebenjähriger den Großteil der Erziehung des Welpen übernehmen könnte.

Kinder sind grundsätzlich erwünscht und dürfen auch im Rahmen ihrer Möglichkeiten gern bei den Übungen mitmachen.

Die Hündin Flocke betätigt sich ganz gern mal als „Kindermädchen"...

Erwachsene Hunde und Welpen

Haben Sie einen erwachsenen Hund, der sich zum „Kindermädchen" berufen fühlt, schüchterne Welpen aus der Reserve lockt und allzu freche zurechtweist, können Sie sich glücklich schätzen und ihn natürlich gern zur Welpengruppe mitnehmen. Aber auch ein erwachsener Hund, der nicht spielen mag und sich raushält, aber aufdringliche Welpen nach ausführlichem Drohen sauber (also nicht mit übertriebener Härte) abschnappt, ist für das Sozialverhalten der Welpen sehr wertvoll. Viele erwachsene Hunde sind aber von Welpen eher genervt und fühlen sich in der Welpengruppe überfordert oder werden bei ihren Zurechtweisungen oder im Spiel zu heftig. Fragen Sie also Ihren Hund und akzeptieren Sie ggf. seine Belastungsgrenze. Grundsätzlich sollten Welpen unbedingt auch Kontakt zu erwachsenen Hunden haben, gerade auch zu solchen, die sie mal zurechtweisen oder nicht spielen wollen. Ermuntern Sie die Welpenbesitzer daher, ihren Welpen den Umgang mit geeigneten erw. Hunden zu ermöglichen.

Infomaterial und Werbung

Zu einigen immer wiederkehrenden Themen (wie zum Beispiel Stubenreinheit, Gewöhnung an die Hundebox) sollte man dem Welpenbesitzer gegebenenfalls Infoblätter aushändigen. Da der Informationsbedarf gerade bei Ersthundebesitzern groß ist, sind die meisten Teilnehmer froh, wenn es schriftliche Informationen über grundlegende Themen wie Erziehung, Gesundheit und Ernährung, Verhalten, Sozialisierung usw. gibt. Sie können diese in Form einer Mappe zur Verfügung stellen oder Artikel zu bestimmten Themen verteilen, die Ihnen am Herzen liegen oder in der Theorieeinheit behandelt wurden. Auch Buchempfehlungen werden von vielen Teilnehmern gern angenommen, so dass eine Bücherliste oder auch Ansichtsexemplare der von Ihnen empfohlenen Bücher willkommen sind. Sie sollten hier weder mit Ihrem Wissen noch mit Geld knausern. Schließlich sollen Ihre Kunden einen möglichst guten Start mit ihren Welpen haben.

... und strahlt dabei mächtig viel Autorität aus.

Werbemaßnahmen

Ist nun soweit alles überlegt und vorbereitet, müssen Sie Ihre Welpengruppe nur noch bekanntmachen. Neben Kleinanzeigen in der Tierrubrik der Lokalzeitung, Aushängen in Zoogeschäften und Einträgen im Internet sollten Sie vor allem versuchen, die Tierärzte in der Umgebung für sich zu gewinnen. Da praktisch alle Welpenbesitzer in den ersten Wochen mit dem Welpen zum Impfen gehen, erreichen Sie sie mit einem Aushang oder Flyern beim Tierarzt (oder gar eine Empfehlung durch ihn persönlich) natürlich am besten. Es lohnt sich, bei den Tierärzten persönlich vorzusprechen und ihnen Ihr Konzept vorzustellen. Wenn Sie es schaffen, dass ein oder zwei Tierärzte Ihre Welpengruppe ausdrücklich weiterempfehlen, ist das die allerbeste Werbung, die man sich denken kann.

Welpenstunden richtig planen

Ein geeignetes Gelände ist gefunden, Entscheidungen über die Organisationsform wurden getroffen und das Zubehör angeschafft. Bald stehen die ersten Welpen und ihre Besitzer auf der Matte. Nun geht es um den Ablauf der Stunde und darum, ob und wie man sich gegebenenfalls in das Spiel der Welpen einmischen sollte.

Leiten von Welpengruppen

Welpengruppen zu leiten macht viel Spaß, ist aber auch aufgrund der vielfachen und immer wechselnden Anforderungen anstrengend wie einen Sack Flöhe zu hüten. Welpengruppen sind eine Investition in die Zukunft – in die der Welpen und ihrer Besitzer, die einen möglichst guten Start haben sollen, und in Ihre eigene, da zufriedene Besucher der Welpengruppe oft treue Kunden Ihrer Hundeschule oder Mitglieder Ihres Vereins werden. Obwohl Qualität durchaus ihren Preis haben darf, sollte die Teilnahme an der Welpengruppe daher trotzdem nicht überteuert sein. Als Leiter der Welpengruppe müssen Sie nicht nur über Welpenerziehung Bescheid wissen, sondern genug Erfahrung haben, um das Verhalten der Welpen richtig einschätzen zu können und aufkommende Probleme rechtzeitig zu erkennen. Außerdem werden Fragen über alle möglichen Aspekte der Hundehaltung an Sie herangetragen. Der Posten ist wegen seiner weichenstellenden Funktion bestimmt kein Abstellplatz für Unfähige oder Neulinge, sondern sollte den Besten im Verein oder in der Hundeschule vorbehalten sein.

Nur mit dem Bereitstellen von bunten Klettergeräten ist es noch lange nicht getan.

Ohne Regeln keine Struktur

Ob schriftlich ausgehändigt, offiziell verkündet oder einfach nebenbei durch Erklärungen an einzelne Teilnehmer etabliert – jede Welpengruppe hat ihre Regeln, die für ein erquickliches Miteinander nötig sind. Ich persönlich halte folgende Regeln für sinnvoll:

> Jeder Teilnehmer entfernt die Hinterlassenschaften seines Hundes.
> Keiner soll, ohne dass er ausdrücklich dazu aufgefordert wurde, dem Welpen eines anderen Teilnehmers Leckerchen geben.
> Ein anspringender Welpe wird von dem, den er anspringt, ignoriert. (Kindern muss man helfen und den Hund ggf. wegholen, damit er sie nicht umwirft.)
> An der Leine sollen die Hunde normalerweise nicht miteinander spielen (siehe S. 80 und S. 102).
> Die Hunde werden nur auf Anweisung des Leiters oder seines Assistenten abgeleint.
> Wenn es nötig ist, ins Spiel der Welpen einzugreifen, macht das normalerweise einer vom Betreuerteam und nicht der Besitzer selber.

Ein Ritual zu Beginn

Ein Kritikpunkt an Welpengruppen, in dem ein Quäntchen Wahrheit steckt, ist das Argument, dass die Hunde sich dabei angewöhnen, an der Leine zu ziehen und unkontrollierbar zu werden, wenn sie Artgenossen sehen. Das muss jedoch nicht sein! Was der Besitzer auf dem Hinweg macht, kann ich ihm zwar nicht vorschreiben, aber der offizielle Beginn der Stunde läuft geregelt ab und hat vor allem das Ziel, dass die Welpen ihren Menschen nicht völlig vergessen, nur weil ein möglicher Spielkamerad

Das Zerren an der Leine bei Begegnungen führt zu einer völlig verzerrten Körpersprache und erzeugt Stress und Spannungen.

in Sicht ist. Außerdem ist ihre Erregung nicht mehr ganz so groß, wenn sie erst ins Spiel entlassen werden, nachdem sie sich zuvor schon auf Distanz ein Weilchen gegenseitig beobachten konnten.

Eingangsübung
Die Welpen bleiben also zunächst an der Leine und die Besitzer werden angewiesen, einen so großen Abstand zueinander einzuhalten, dass die Welpen einander nicht erreichen können und die Chance haben, sich zu beruhigen. In der Regel sind das zumindest für noch unerfahrene Welpen anderthalb bis zwei Meter. Nun werden die ersten Minuten auf die Eingangsübung verwendet. Hierzu gibt es verschiedene Varianten (siehe S. 41).

Was ich auf keinen Fall möchte ist, dass der Besitzer seinem Welpen in dieser Phase ein Signal wie z.B. SITZ gibt. Denn der Welpe kann noch gar nicht so gut ausgebildet sein, dass er minutenlang still sitzen würde. Also müsste der Besitzer das Sitzen entweder dauernd erzwingen, was ich nicht möchte, oder er „verschleift" sich schon jetzt das Signal, indem er es ausspricht, ohne dass der Welpe es dann auch ausführt.

Die Hunde werden nach der Eingangsübung auf Anweisung des Gruppenleiters alle gleichzeitig abgeleint und zwar möglichst nur dann, wenn sie gerade auf ihre Besitzer konzentriert sind oder zumindest die Leine locker ist. (Da das Abgeleintwerden eine Belohnung darstellt, sollte es nicht erfolgen, wenn der Welpe gerade an der Leine zerrt, kläfft usw.)

Regel für „Zuspätkommer"
Kommt jemand erst, wenn die Freispielphase bereits in vollem Gange ist, bitte ich den Hundehalter, seinen Welpen außerhalb des Geländes abzuleinen und am Halsband festzuhalten. Ich mache dann das Tor einen Spalt weit auf und wir lassen den Welpen hineinschlüpfen. Betritt nämlich jemand mit einem angeleinten Welpen die Wiese, auf der sich die anderen Hunde schon mitten im Spiel befinden, gibt es doch nur ein heilloses Gezerre und gefährliche Verwicklungen.

Üben Sie immer wieder, dass die Welpen sich zuerst auf ihre Besitzer konzentrieren, ehe sie miteinander spielen.

Integration neuer Welpen

Manche Welpen kommen neu in die Gruppe und stürzen sich sofort ins Spiel oder erkunden unbefangen das Gelände. Aber viele sind anfangs etwas schüchtern oder ängstlich, was noch lange kein Anlass zur Besorgnis ist und manchmal nur daran liegt, dass sie eigentlich gerade in einer Schlafphase sind. Die meisten anfangs zurückhaltenden Welpen integrieren sich innerhalb der ersten halben Stunde, einzelne tauen erst in der zweiten oder dritten Stunde so richtig auf. Wichtig ist, dass die Schüchternen oder auch besonders zarte, noch sehr junge oder sehr kleine Welpen anfangs einen Schonraum bekommen. Werden sie in den ersten Minuten mehrfach über den Haufen gerannt oder fühlen sich völlig überfordert, kann dieser schlechte Eindruck schlimmstenfalls dazu führen, dass sie dauerhaft ängstlich bleiben.

Schutz für unsichere Welpen

Im Idealfall kann man den schüchternen Welpen zuerst mit ein oder zwei freundlichen, kleinen oder eher vorsichtigen Welpen zusammensetzen. So oder so sollte er die ersten Minuten einen menschlichen Bodyguard bekommen, der immer in seiner Nähe bleibt. Diese Rolle übernehmen Sie am besten anfangs selbst. Gegebenenfalls können Sie sie später an den Besitzer übergeben. Begleiten Sie den Welpen und behalten ihn notfalls sogar die ersten Minuten an der Leine, damit er nicht panisch losläuft und so erst recht die besondere Aufmerksamkeit der anderen Welpen auf sich zieht oder Sie ihn nicht mehr schützen können. Nähert sich ein anderer Welpe und zeigt der Neue Anzeichen von Angst, gehen Sie in die Hocke, nehmen den Kleinen vor Ihre Beine und halten ihm den anderen etwas vom Leib.

Blocken Sie dabei den Kontakt nicht völlig ab, sondern nur so weit, dass der andere nicht übermütig auf den Ängstlichen springt oder ihn zu stark bepfötelt. (Das Pföteln ist an sich eine Geste der Spielaufforderung, aber verständlicherweise fühlt sich ein Zwergpinscherwelpe bedroht, wenn ihm ein kleiner Leonberger freundlich auf den Kopf patschen will. Zudem neigen temperamentvolle Welpen auch dazu, mit beiden Vorderpfoten zugleich auf andere zu springen.)

Meist ist ein solches „Beschatten" nur in der ersten Viertelstunde nötig – eben so lange, wie der neue Welpe braucht, um seine Unsicherheit zu überwinden.

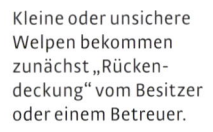

Kleine oder unsichere Welpen bekommen zunächst „Rückendeckung" vom Besitzer oder einem Betreuer.

Beginn einer Welpenstunde

Variante 1 – Spiel mit dem Besitzer
Jeder Besitzer spielt zunächst an der Leine mit dem eigenen Welpen. Während des Spiels werden die Welpen abgeleint, dann lässt man das Spiel ausklingen und ins Spiel der Hunde untereinander übergehen.

Variante 2 – Ruhiges Warten wird belohnt
Die Besitzer stehen im Kreis und halten die Leine in einer bestimmten Länge (ca. 80 cm) fest. Sie ignorieren den Welpen, wenn er sich unruhig verhält, zieht, kläfft oder herumspringt und belohnen ihn, sobald er sich bei durchhängender Leine ruhig verhält (anfangs reicht eine Sekunde). Die Belohnung besteht in Lob mit der Stimme oder Click und Leckerchen. (Streicheln regt die Welpen eher auf oder nervt sie und lenkt sie von der eigentlichen Aufgabe ab.) Die meisten Welpen lernen innerhalb von zwei bis drei Wochen, ruhig zu warten. Das Vorbild der erfahreneren Welpen tut ein Übriges.

Variante 3 – Abschaltsignal
Die Welpen bekommen ein „Abschaltsignal". Dazu nehmen die Besitzer eine bestimmte Haltung ein, die für die Welpen die Bedeutung bekommen soll: „Hier ist jetzt gar nichts los, du kannst ebenso gut ein Nickerchen halten." Sie können z.B. demonstrativ einen Fuß auf die Leine stellen, die Arme hängen lassen und nicht auf den Hund gucken. Er wird komplett ignoriert, solange sein Besitzer diese Haltung einnimmt, also auch nicht für Wohlverhalten gelobt oder belohnt. Zwar werden die Welpen auf der Welpenwiese wohl kaum einschlafen, aber auch bei dieser Methode lernen sie schnell, zur Ruhe zu kommen. Die Übung kann auch bei kleinen Theorieeinheiten oder beim Restaurantbesuch verwendet werden.

Variante 4 – Spielerische Übungen
Der Besitzer macht mit dem Welpen an der Leine ein paar einfache, spielerische Übungen, z.B. wird der Welpe mit einem Leckerchen vor der Nase in verschiedene Positionen (SITZ-PLATZ-STEH) gelockt.

Kontakt an der Leine

Ungewöhnlich ängstlichen oder winzigen Welpen können Sie noch einen zusätzlichen Vorteil verschaffen, indem Sie ihnen Gelegenheit geben, das Gelände frei zu erkunden, ehe die anderen Welpen ankommen oder während diese noch an der Leine sind. Ausnahmsweise bahne ich den ersten Kontakt zu den anderen Welpen auch mal an der Leine an, wobei die Besitzer gehalten sind, über die kurz gehaltene Leine zu verhindern, dass ihr Welpe spielerisch auf den Neuen springt. So wird die Neugier schon etwas befriedigt und es stürzen sich in der anschließenden Freispielphase nicht gleich alle auf den Kleinen, um ihn zu beschnuppern. Ist dem ängstlichen Welpen trotz Ihrer Bemühungen alles zu viel, setzt sich der Besitzer am besten auf einen Stuhl und nimmt den Welpen auf den Schoß, solange die anderen Welpen abgeleint sind. Aus sicherer Höhe kann er sich dann erst einmal alles ansehen.

> **Tipp** Schutz ja, Trost nein
>
> Der ängstliche Welpe sollte zwar Schutz und Deckung bei den Menschen bekommen, aber nicht getröstet oder dauernd gestreichelt werden, weil das oft dazu führt, dass er sich vor allem den Menschen anschließt und sich noch schwerer damit tut, Kontakt zu den anderen Hunden zu finden.

Spiel, Übung und Theorie

Eine wiedererkennbare Struktur der Welpenstunde ist von großem Vorteil, da sie allen Teilnehmern Sicherheit gibt. Gewöhnlich wechseln sich Frei-

Unterschreitet man an der Leine eine gewisse Distanz, ziehen die Welpen meist fürchterlich aufeinander zu.

spielphasen mit kleinen Übungseinheiten ab, bei denen die Welpen normalerweise angeleint sind. Vom Anfangsritual war schon die Rede. Auch zum Ende der Welpengruppe sollten die Welpen möglichst noch ein paar Minuten angeleint mit einer einfachen Übung verbringen, damit sie „herunterfahren" können, ehe sie mit ihren Menschen den Heimweg antreten. Für das Team bietet der ordentliche Abschluss die Möglichkeit, in Ruhe das Organisatorische zu regeln, z.B. Karten oder Anwesenheitslisten abzukreuzen oder Infoblätter zu verteilen.

Freispiel- und Übungsphasen

Die Übungsphasen dienen auch dazu, Pausen zu schaffen, in denen die Welpen sich körperlich etwas ausruhen und ihre Erregung abbauen können. Zwar spielen Welpen manchmal stundenlang ausgeglichen miteinander oder verschaffen sich bei Bedarf selber Pausen, jedoch ist das eher die Ausnahme. Das Zusammentreffen der verschiedenen Charaktere und das teils wilde Spiel bedingen nicht selten übergroße Erregung, vor allem, wenn das Freispiel länger als 10 bis 15 Minuten am Stück dauert. Stress entsteht allein schon durch die körperliche oder mentale Ermüdung der Welpen und macht sich vor allem gegen Ende der Stunde in vermehrten Zankereien, Gekläffe oder Gekeife bemerkbar. Daher hängt es auch von der Tagesform und Gruppenzusammensetzung ab, wie oft man das Spiel für eine kleine Übung unterbricht. Bei friedlichem Spiel oder wenn neue Welpen ein bisschen Zeit zum Warmwerden brauchen, dürfen die Spielphasen länger sein. Wird sehr wild gespielt oder sind einige Rabauken oder stressempfindliche Hunde darunter, sind die Freispielphasen kürzer zu halten. Die Menschen sind dann viel mehr gefordert und den Besitzern bleibt kaum noch Zeit für ein kleines Schwätzchen

Info | Übungseinheiten

In eine Welpenstunde von ca. 60 Minuten passen üblicherweise etwa drei Übungseinheiten, in denen je nach Zeitaufwand insgesamt ca. drei bis fünf verschiedene Übungen durchgenommen werden können.

Lässt man den Kontakt an der Leine überhaupt zu, wäre es besser, diese wirklich durchhängen zu lassen.

Theorieeinheiten

Wir haben in unserer Hundeschule mehrfach versucht, zusätzliche Theorieabende anzubieten. Diese wurden aber leider von den Welpenbesitzern nur wenig angenommen. Daher geben wir wichtige Informationen durch kurze Theorieeinheiten oder Erklärungen innerhalb der Welpengruppe weiter. Weil die Konzentrationsfähigkeit der Teilnehmer geringer ist, wenn die Welpen um sie herum spielen, sollten diese während der Theorieeinheit angeleint sein. Sie haben dann auch eine Pause, in der z.B. die Deckenübung (siehe S. 90) gemacht oder ein „Abschaltsignal" (siehe S. 41) eingeübt werden kann. Erfahrungsgemäß ist die Aufnahmekapazität der Hundehalter trotzdem begrenzt, vor allem, wenn keine Sitzgelegenheiten zur Verfügung stehen oder das Wetter schlecht ist. Auch die Welpen sind dann oft unruhig und gewöhnen sich womöglich aus Langeweile Unarten wie Leinebeißen, Kläffen oder Buddeln an. Eine Theorieeinheit sollte daher nur wenige Minuten dauern, es sei denn, es steht ein beheizbarer Innenraum zur Verfügung. Sie kann außerdem auch gut als Frageunde gestaltet werden, was dem Gruppenleiter ermöglicht, auf die aktuellen Probleme einzugehen und ihm zeigt, wo eventuell vermehrter Informations- oder auch Übungsbedarf besteht.

Beenden einer Spielphase

Das Anleinen nach einer Spielphase ist nicht immer ganz einfach. Es ist normal, wenn das Herausrufen aus dem Spiel bei einzelnen Welpen zunächst nicht besonders gut klappt und je länger und wilder sie gespielt haben, desto schwieriger wird es. Wichtig ist vor allem, dass der Besitzer nicht mehrfach vergeblich hinter seinem Welpen herruft. Sonst lernt dieser schon früh, dass das Rufen seines Menschen nicht viel bedeutet. Besser ist es also, einen Moment abzupassen, in dem der Welpe „ansprechbar" erscheint oder einen solchen zu schaffen, indem der Besitzer sich dem Welpen mit Futter oder Spielzeug nähert und ihn dann damit zu

Klappt das Herausrufen aus der Gruppe so gut, ist natürlich ein Freudenfest fällig. Ihr Hund muss spüren, dass Sie sich wirklich freuen und er eine ganz tolle Leistung vollbracht hat.

sich lockt. Manchmal muss man dem völlig ins Spiel vertieften Welpen einen besonders leckeren Brocken direkt vor den Nasenspiegel halten, um seine Aufmerksamkeit zu bekommen. Erst danach ruft der Besitzer z.B. KOMM und zieht den Welpen mit dem Leckerchen zu sich heran. Auf diese Weise ist von Anfang an jeder Ruf ein Treffer.

Hingehen und anleinen

Klappt es trotz aller Bemühungen mal nicht, muss der Besitzer zum Hund gehen und ihn aus dem Spiel herausgreifen. Er sollte dann aber nach dem Einhaken der Leine mindestens fünf Sekunden verstreichen lassen, in denen der Welpe weiter das tun kann, was er gerade tat, als sein Mensch dazukam.

Diese Zeitlücke verhindert, dass der Hund das Anleinen mit dem Ende seines Spielvergnügens verknüpft. Bei falscher Verknüpfung würde er sonst vielleicht anfangen, beiseite zu springen, wenn sich eine Hand mit dem Karabinerhaken nähert. Sehr positiv ist aus diesem Grund auch ein wiederholtes Rufen und sofort wieder Laufenlassen in den Spielphasen.

Spielzeug in der Welpengruppe

Normalerweise darf natürlich auch Spielzeug im Welpengehege herumliegen. Benötigt werden einige robuste, nicht zu kleine Spielzeuge, die es aushalten, dass zwei oder mehr Welpen gleichzeitig daran zerren. Manchmal konkurrieren Welpen allerdings zu stark um das Spielzeug und pushen sich gegenseitig hoch. Einzelne Welpe verteidigen Spielzeug auch aggressiv gegen andere Hunde. In diesen Fällen lässt man das Spielzeug lieber schnell wieder verschwinden.

Werfen von Spielzeug

Auch wenn jemand Spielzeug für die Hunde wirft, kann es leicht zu Problemen kommen. Durch das aufregende Hetzspiel „drehen" die Hunde „hoch" und das kann Aggressionen beim Kampf um die „Beute" Vorschub leisten. Auch können Mobbingsituationen entstehen, wenn ein Hund hinter einem Spielzeug herrast und dann die ganze Meute diesen Hund verfolgt. Vor allem Junghunde springen manchmal auch wild an Kindern hoch, die Spielzeug in der Hand halten. Aus all diesen Gründen ist das Bällchenwerfen in der Welpengruppe unerwünscht.

Eine heruntergefallene Schirmmütze ist in einer Welpengruppe ein höchst gefährdetes Objekt.

Info | Gemeinsam fressen?

In manchen Welpengruppen werden die Welpen gemeinsam gefüttert, indem z.B. für alle Trockenfutter auf ein ausgebreitetes Tuch gestreut wird. Dies soll angeblich dem Futterneid entgegenwirken. Nach einigen Versuchen haben wir das „große Fressen" in unserer Welpengruppe aber wieder eingestellt. Denn um Aggressionen durch übermäßige Gier zu vermeiden, müsste man so viel Futter anbieten, dass alle Welpen satt werden und lernen, dass es unnötig ist, zu schlingen oder andere wegzuknurren. Dabei würden sie dann aber große Mengen des fremden Futters aufnehmen, was ihren Futterplan durcheinanderbringen und Schwierigkeiten bei der Stubenreinheit nach sich ziehen kann. Vor allem hat sich aber gezeigt, dass es nicht möglich ist, wirksam Welpen zu maßregeln, die versuchen, sich am Futter aggressiv durchzusetzen. Selbst wenn der Gruppenleiter über den fressenden Welpen steht und den Aggressiven sofort herausgreift, kann er es nicht verhindern, dass dieser bereits Erfolg mit seiner Strategie hat: Die anderen Welpen bekommen Angst vor ihm und weichen ihm künftig beim gemeinsamen Fressen aus, was ihn erst so richtig aufbaut.

Rassetypisches Spielverhalten

Es gibt verschiedene Spieltypen bei Hunden und durchaus auch rassetypisches Spielverhalten, auch wenn natürlich prinzipiell jede „Spielart" bei jedem Hund vorkommen kann und es immer Ausnahmen von der Regel gibt. Gelegentlich treffen in der Welpengruppe Spieltypen aufeinander, die schlecht zueinander passen, was ggf. ein Eingreifen der Menschen nötig macht. Die Erfahrung zeigt allerdings, dass man das Spielverhalten eines Hundes nicht grundsätzlich ändern kann. Man kann nur darauf achten, dass er sich nicht allzu sehr in ungute Aktionen hineinsteigert und sich wenn nötig noch vom Menschen unterbrechen lässt.

Hütespiele

Bei ausgesprochenen Hütehunden wie Border Collies oder Australian Shepherds mischt sich oft das angeborene Hüteverhalten so früh mit dem Sozialverhalten, dass sie bereits mit drei oder vier Monaten kaum noch wirklich spielen, sondern die anderen Hunde eher „hüten", d.h. ritualisiert jagen. Solange sie die anderen Hunde nur belauern, ist das im Prinzip noch unproblematisch. Aber manche Hütehunde werden sehr grob, wenn sie in Aktion gehen. Sie versuchen dann, die anderen zu stoppen, indem sie sie anrempeln, ihnen in den Nacken gehen oder sie ins Hinterteil kneifen. Sie können dabei auch in große Erregung geraten, vor allem, wenn Hunde in der Gruppe sind, die viel und schnell rennen. Auch koordinieren manchmal mehrere Hütehunde ihre Bewegungen und richten sich auf ein „Opfer" aus, was leicht in Mobbing ausartet.

Rennspiele

Windhunde, windhundartige Hunde oder auch viele kleine Terrier lieben es, den „Renner" zu machen und initiieren vor allem Laufspiele. Wenn mehrere Hunde in ein solches Laufspiel einsteigen und den Renner verfolgen, kann die Stimmung sich aufheizen und in Mobbing umschlagen. Der Renner muss lernen, wie er das Spiel im Griff behalten kann, indem er stehenbleibt und sich „stellt", ehe es ihm zu viel wird. Dies gelingt dem Renner jedoch natürlich nicht immer, vor allem, wenn er kleiner ist als die anderen und die Verfolger

Manche Border Collies oder auch Australian Shepherds betrachten schon früh alles als „Schaf".

Rassetypisches Spielverhalten

schon sehr erregt sind. Oft schneiden sie dem Renner den Weg ab oder rempeln ihn heftig von der Seite an. Vielleicht rennen sie ihn auch um, wenn er versucht, anzuhalten. Die Menschen müssen also manchmal eingreifen und die wilde Jagd unterbrechen.

Kullerspiele

Labrador und Golden Retriever sind an Regentagen meist am Ende der Welpengruppe völlig verdreckt, weil sie dazu neigen, sich im Spiel hinzuwerfen und mit den anderen herumzukugeln. Es ist beim Retriever also nicht unbedingt ein Zeichen dafür, dass er dauernd unterworfen wird, wenn er im Spiel oft unten liegt – vielleicht lässt er sich von selbst fallen. Da Retriever mit viel Körpereinsatz spielen und große und kräftige Hunde sind, wird ihr Spiel leichter gebauten Hunden oder solchen, die lieber Laufspiele machen, manchmal zu viel.

Ringkämpfe

Was die Neigung zu spielerischen Ringkämpfen betrifft, übertreffen molosserartige Hunde wie z.B. Boxer die Retriever spielend. Zudem springen gerade Boxer, aber auch viele Ridgebacks, Dobermänner (und natürlich manch andere Hunde) gern mit den Vorderpfoten auf ihre Spielpartner, so dass man bei ihnen darauf achten muss, dass der andere nicht zu sehr untergebuttert wird. Alle schutzhundgeeigneten und großen Rassen wie z.B. Schäferhunde oder Hovawarte gehören ebenfalls oft zu den groben Spielern, die spielerische Attacken auf die anderen machen, wobei sie ihnen meist ziemlich heftig in den Nacken gehen. Sie müssen daher oft verhältnismäßig früh aus der Welpen- in die Junghundgruppe wechseln.

So ein wildes Rennspiel kann schon mal in Raserei umschlagen.

Halb zog sie ihn, halb sank er hin ...

Dogge „Aramis" ist groß und schnell ...

Beutespiele

Terrier können teilweise, wenn sie sich im Spiel zu sehr aufregen, auf den „Gegner" losgehen wie auf eine Jagdbeute, ihn packen, schütteln und regelrecht in Rage geraten. Dem sollte man dann unbedingt Einhalt gebieten. Vor allem schnelle Bewegungen und das Zappeln der „Beute" lösen dieses instinktive Verhalten aus.

Eingriffe ins Spielverhalten

Die wohl umstrittenste Frage in der Welpengruppe lautet: Wann und ggf. wie soll man ins Spiel oder Auseinandersetzungen der Welpen eingreifen?

Auf der einen Seite steht die Meinung „Bloß nicht eingreifen – die regeln das alleine!" Das andere Extrem besteht darin, bei jedem kleinsten Streit sofort dazwischenzugehen oder jede Form von auch nur ritualisierter Aggression zu bestrafen in der Hoffnung, die Welpen damit zu besonders friedfertigen Hunden zu erziehen. Wie so oft liegt die Wahrheit irgendwo in der Mitte. Aggressives Verhalten ist nicht immer falsch oder gar gestört, sondern Teil des Normalverhaltens. Gerade bei einem sozialen Beutegreifer wie dem Hund ist es wichtig, dass die Aggression beim erwachsenen Tier überwiegend in ritualisierter Form abläuft. Die Natur hat es daher so eingerichtet, dass Welpen nadelspitze Milchzähne haben und sich mit ihrer Hilfe, solange sie noch harmlos sind, gegenseitig Beißhemmung beibringen. Zum Lernprozess gehören auch vorübergehende Phasen erhöhter „Biestigkeit" und das Austesten, wie weit man gehen kann, aber auch das Einüben von konfliktvermeidendem und beschwichtigendem Verhalten. Welpen müssen auch lernen, wie sie einen begonnenen Streit beenden können. Die Welpengruppe soll auch für diese wichtigen Erfahrungen Raum bieten und das geht nicht, wenn die Welpen jedes Mal sofort getrennt werden, sobald ein kleiner Konflikt droht.

> **Tipp | Gekläffe**
>
> Collies oder auch Treibhunde (z.B. Appenzeller) äußern in stressigen Situationen ihre Erregung in Dauergekläffe. Hier kann man wenig tun, außer das entsprechende Verhalten als Zeiger für aufkommenden Stress zu werten und das Spiel für alle Hunde zu unterbrechen oder den übererregten Hund aus dem Spiel zu holen und ihn abzulenken.

...aber Zwergpinscher „Enzo" wendiger. Hier hatten zwar beide ihren Spaß, aber länger als ein paar Minuten ist dieses Spiel für „Enzo" nicht zumutbar.

Maßvolles Handeln

Andererseits ist eine Welpengruppe nichts Natürliches: Man bringt einander fremde Welpen verschiedenen Alters und verschiedenen Typs zusammen. Außerdem kann es bei Wölfen oder Wildhunden vorkommen, dass ein schwächerer Welpe zum Prügelknaben wird. Niemand wird sich wünschen, dass dieselbe Art von Auslese in einer Welpengruppe stattfindet oder einzelne, besonders starke oder aggressive Welpen Spaß daran finden, andere herumzuschubsen. Ein maßvolles Eingreifen ist also richtig und wichtig.

Keine körperlichen Strafen

Das Eingreifen sollte auf keinen Fall darin bestehen, dass „aggressive" Welpen – womöglich noch durch ihnen fremde Menschen – körperlich gestraft werden. Dies kann nämlich nur allzu leicht zu sehr negativen Verknüpfungen mit fremden Menschen führen. Es ist außerdem unangebracht: Konflikte in Welpengruppen entstehen normalerweise nicht, weil einer der Welpen übermäßig aggressiv ist, sondern weil die Welpen übererregt oder verschieden groß oder verschieden alt sind bzw. vom Spieltyp her nicht zueinander passen. Und selbst wenn einer der Welpen zu frech gewesen wäre: Wir Menschen bekommen den Beginn des Streits meist gar nicht mit oder sind nicht rechtzeitig zur Stelle, um mit einer Strafe sinnvoll eingreifen zu können – zumal zu einem Streit ja auch meist zwei gehören. Aus all diesen Gründen ist Im-Nacken-Packen, Auf-den-Rücken-Drehen, Anschreien oder Ähnliches in der Welpengruppe tabu. Und auch dauerndes NEIN-Rufen von Besitzern oder Gruppenleiter ist unerwünscht, weil der Welpe, der damit gemeint ist, meist gar nichts falsch macht (sondern z.B. einfach nur zu groß für seinen Spielpartner ist). Außerdem lernt er eher ein NEIN zu missachten, da die Erfahrung zeigt, dass es die Menschen in der Regel doch nicht unmittelbar durchsetzen können.

Eingreifen oder abwarten?

Info · Genau beobachten

Erhöhte Aufmerksamkeit des Gruppenleiters und seiner Assistenten ist auf alle Fälle geboten bei:
- Geknurre (es gibt allerdings auch ein harmloses Spielknurren mit hoher, drolliger Stimme).
- Quietschen oder Jaulen.
- Fellsträuben, wenn es längere Zeit andauert.
- eingeklemmter Rute.
- „Gekeife" oder mehrfachem Abschnappen seitens des momentan Unterlegenen.
- Hunden, die erschöpft oder ängstlich wirken oder offenbar versuchen, sich von den anderen zurückzuziehen.
- Hunden, die dauerhaft oder immer wieder den Bewegungsspielraum eines bestimmten anderen Hundes einschränken.
- Spiel oder Streit zwischen Hunden, die sich in Größe und oder Alter sehr unterscheiden.
- Verfolgungsjagden, bei denen mehrere Hunde hinter einem einzelnen her sind.

Auch im Spiel können die im Infokasten aufgeführten Verhaltensmerkmale zwar einmal vorkommen, aber höchstens kurz und eingebettet in deutlich entspanntere Spielsequenzen. Spiel ist außerdem von Rollenwechsel gekennzeichnet: Ein raueres Spiel kann noch in Ordnung sein, wenn mal der eine, mal der andere oben liegt oder der Verfolger ist. Auch Wurfgeschwister spielen z.B. oft ruppiger miteinander als einander fremde Welpen, ohne dass dies immer gleich problematisch ist.

Typische Eingreifsituationen

Gewöhnlich sollte das Betreuerteam das Eingreifen übernehmen. Ausnahmen von der Regel gibt es beim Mobbing, beim Aufreiten und in Absprache mit dem Gruppenleiter. Welpenbesitzer sind nämlich verständlicherweise in der Regel parteiisch. Sie neigen dazu, ihrem kleinen Liebling alles nachzusehen, aber fremde Welpen wegzuschubsen. Zudem fehlt es ihnen an Erfahrung, um zu beurteilen, ob ein Eingreifen angebracht ist, und sie mischen sich daher viel zu oft und zu früh ein.

Eingriffe ins Spielverhalten

Mehrere überdrehte Hunde

Wenn mehrere Hunde „überdrehen" und der Pegel an rauem Spiel, Aggressionen, Gekläffe usw. insgesamt steigt, deutet das auf Stress durch eine zu lange Spielphase hin. Manchmal sind auch einzelne Rüpel, Unverträglichkeiten zwischen bestimmten Hunden oder eine unharmonisch zusammengesetzte Gruppe die Ursache. Daher sollten erst mal alle Hunde angeleint werden. Eine ruhigere Übung sorgt dann für eine kleine Atempause oder das Team kann die Gruppe ggf. anders zusammenstellen.

Hatz auf einen Hund

Kommt es zu Mobbingsituationen, bei denen mehrere Hunde einen hetzen, sollten ebenfalls alle Besitzer ihre Hunde so schnell wie möglich anleinen. Zwar lassen sich die Hunde dann meist nicht mehr abrufen, aber wenn mehrere Menschen ihnen in den Weg treten und versuchen, einzelne Hunde herauszugreifen oder zu sich zu locken, kommt die Hatz meist schnell zum Stillstand. Oft kann man schon nach ein paar Momenten alle wieder weiterspielen lassen, da Mobbing meist aus einer augenblicklichen Konstellation heraus entsteht. Kommt es immer wieder zu Mobbing, muss die Gruppe anders zusammengestellt werden.

Hahnenkämpfe

Läuft das Spiel zweier Welpen sehr grob ab oder entsteht daraus eine kleine Streiterei mit echtem Knurren, Drohkläffen und vielleicht „Gezeter" des Unterlegenen, gilt es genauer hinzugucken. Sind die beiden etwa ebenbürtig? Ist der, der gerade unten liegt, einer, der sonst meist triumphiert und sich nur äußerst ungern unterwirft? Tritt der Untenliegende dem Obenstehenden in den Bauch, wirkt unbeeinträchtigt und hat sich keinesfalls ergeben? In all diesen Fällen sollten die Menschen sich heraushalten und abwarten, ob die Hunde ihr Problem nicht alleine lösen können. Meist tun sie dies und nach ein paar angespannten Momenten trennen sich die Kampfhähne, schütteln sich und gehen ihres Weges. Dies ist noch normal, vor allem, wenn im Verlauf der Stunde mal der eine, mal der andere triumphiert.

Sind sich beide ebenbürtig? Tritt der Untere unbeeindruckt um sich? Dann kann man ruhig mal abwarten.

Ängstliches Schnappen

Hat ein Welpe Angst vor den anderen, auch wenn diese sich ihm eigentlich freundlich nähern, und daher hysterisch um sich schnappt oder keift, darf man diesen Welpen nicht maßregeln oder ihm den Schutz entziehen. Stattdessen sollte man die Situation so verändern, dass er all das nicht mehr nötig hat (siehe auch S. 40, Integration neuer Welpen).

Aufreiten

Ein kurzes, gelegentliches Aufreiten erfordert kein Eingreifen, da es zum normalen Verhaltensrepertoire gehört. Reitet ein Hund aber immer wieder bei einem anderen oder allen auf, sollte man ihn unterbrechen, damit er sich nicht immer mehr in die Tätigkeit hineinsteigert. Er wird dazu einfach von seinem Besitzer, dem Gruppenleiter oder auch dem Menschen, der ihm gerade am nächsten ist, kommentarlos und zügig von dem anderen Hund heruntergeschoben. Schimpfen oder stra-

Bei solchen Größenunterschieden muss man gut aufpassen, dass der Kleine nicht zum Spielball wird.

fen ist auch hier sinnlos und verkehrt, da es vom aufreitenden Hund kaum mit seinem Verhalten verknüpft wird. Reitet der Hund vor allem in der ersten oder letzten Viertelstunde auf oder kommt dies nur vereinzelt in bestimmten Stunden vor, kann es auch auf Stress hindeuten. Manche Welpen (nicht selten Dackel oder kleine Terrier) tun aber schon mit etwa vier Monaten fast nichts anderes mehr, als bei den anderen aufzureiten. Im Extremfall lassen sie es nicht einmal dann, wenn man sie ständig unterbricht und zeigen dieses Verhalten auch außerhalb der Welpengruppe, evtl. auch gegenüber Menschen. Es handelt sich dann meist um Fälle von „Hypersexualität", bei denen eine frühe Kastration angeraten ist, da dieses Verhalten hormongesteuert und erfahrungsgemäß durch Erziehung nicht wirklich zu beeinflussen ist, aber das normale Sozialverhalten anderen Hunden gegenüber empfindlich beeinträchtigt.

Kleine „Machos"
Ist einer der Kontrahenten viel größer als der andere? Wirkt der Schwächere oder Untenliegende ängstlich, klemmt er den Schwanz ein oder versucht zu fliehen? Ist der, der oben sitzt, ein kleiner „Macho", der sich dauernd ein Späßchen daraus macht, andere zu unterwerfen? Steigert er sich übertrieben in die Sache hinein und macht den Untenliegenden mit Genuss platt, obwohl dieser längst aufgegeben hat? Ist die Situation sogar (was nur sehr selten passiert) in einen echten Kampf ausgeartet? Dann sollten die Menschen eingreifen. In krassen Fällen greift der erfahrene Gruppenleiter oder ein Assistent den oben sitzenden Welpen so schnell wie möglich ab, hebt ihn hoch und trägt ihn ein paar Meter weg. Manchmal schnappt der solcherart abgegriffene Welpe in Rage um sich oder strampelt wie wild. Er sollte dann auf dem Arm des Betreuers festgehalten werden, bis er sich beruhigt hat, selbst wenn sich der Helfer dabei ein paar Kratzer einhandelt.

Splitting von Hunden
Ist die Situation noch nicht so dramatisch wie eben geschildert, oder ist ein Abgreifen nicht durchführbar (z.B. weil es sich um Junghunde handelt, die man nicht mehr so einfach hochheben kann), trennt man, wie auch bei allzu wildem, grobem Spiel, am besten mit „splitting". Splitting, also das Dazwischengehen, ist dem Sozialverhalten der Hunde entnommen, bei denen man manchmal beobachten kann, dass ein dritter Hund zwischen zwei anderen hindurchläuft oder sich mit der Breitseite zwischen diese stellt und dadurch zur Deeskalation einer kritischen Situation beiträgt. Dabei ist nicht immer klar, ob der Dritthund gezielt in die Situation eingreift oder einfach nur neugierig ist, aber egal wie: Durch seine Einmischung entspannt sich die Situation deutlich.

Keine Zugangsberechtigung
Hunde setzen außerdem eine Art Dazwischengehen ein, wenn sie die Laufrichtung eines anderen Hundes ändern wollen oder ihm gezielt den Zugang zu einem bestimmten Bereich verwehren wollen. Splitting kann eher beiläufig und unaufdringlich erfolgen oder auch, mit mehr „Präsenz" ausgeführt, eine gewisse Dominanz ausdrücken. Es stellt eine ruhige, aber wirksame Art dar, einem Hund in gewissen Situationen klarzumachen, dass man sein Verhalten jetzt nicht zulassen wird.

„Candy" bekommt vorübergehend einen Bodyguard.

Auf die Welpengruppe übertragen
Der Gruppenleiter oder ein Assistent schiebt die Welpen mit dem Arm auseinander und schirmt dann das „Opfer" vor dem zu wilden oder aggressiven Hund ab, indem er dem Störer beständig die Vorderseite zuwendet und ihm mit etwas ausgebreiteten Armen und leichter Körperspannung den Zugang zum „Opfer" verwehrt. Dabei hält er den Blick beständig auf den Störer gerichtet. Schlüpft dieser an der splittenden Person vorbei, holt sie den Hund wieder durch Wegschieben mit dem vorgehaltenen Arm vom anderen weg. Gesagt wird dabei gar nichts. Festhalten oder an Halsband oder Geschirr wegziehen sollte man den Störer dabei nur gerade so lange wie nötig, um ihn von seinem „Opfer" loszueisen, denn beides lehrt ihn nichts, sondern bringt ihn nur noch mehr auf. Hingegen kann man kleinere Welpen manchmal einfach kurz hochheben, um 180 Grad drehen und wieder absetzen, so dass sie vom ehemaligen Gegner wegsehen und der splittende Mensch zwischen beiden Parteien sitzt und so den Blickkontakt unterbricht. Wenn der Störer dann ein neues Ziel ins Auge gefasst hat, kann man ihn einfach wieder laufen lassen.

Das Schöne am Splitting
Es funktioniert. Zwar muss man den Vorgang manchmal mit einiger Hartnäckigkeit mehrfach hintereinander wiederholen und die richtige Körpersprache (zügig, aber nicht hektisch; ruhig, bestimmt und autoritär, aber nicht bedrohlich) erst üben. Aber dann wird man sehen, dass der gesplittete Hund den anderen zumindest die nächsten paar Minuten in Ruhe lässt. Oft gibt er seine Versuche, einen anderen Hund zu tyrannisieren, auch nach einigen Splitting-Aktionen ganz auf. Etwas mühsamer wird es, wenn auch das angeb-

liche „Opfer" sofort wieder auf den Störer losgehen will, da man dann zwei Hunde voneinander abschirmen muss. Doch auch dies gelingt, wenn der Mensch, der das Splitting vornimmt, beherzigt, dass die Kontrahenten hauptsächlich körperlich getrennt werden müssen und der Blickkontakt wirksam und dauerhaft unterbrochen werden muss, damit sie voneinander ablassen.

Ablauf einer Stunde

Machen Sie sich erst während der Welpengruppe oder fünf Minuten vorher Gedanken darüber, was Sie heute üben wollen, bleibt es meist bei immer denselben, langweilig gewordenen Standardübungen, allein schon, weil das Material für Abwechslung fehlt. Es ist also gut, den Ablauf zu planen, auch wenn man oft aus aktuellem Anlass davon abweichen muss, weil einem z.B. das Wetter einen Strich durch die Rechnung macht, oder dringende Fragen der Teilnehmer dem Unterricht eine unerwartete Richtung geben.

Rotierende Übungsplanung

Sie können sich auch einen rotierenden Plan machen, in dem alle wichtigen Übungen untergebracht sind und sich alle paar Wochen wiederholen. Oder Sie benutzen (zum Beispiel) einen Karteikasten mit Übungsideen und ein Notizbuch, um festzuhalten, was Sie wann gemacht haben und sich Anregungen für Übungsvariationen aus Ihrem Fundus zu holen (Vorschläge für Übungen, siehe S. 71 ff.).

Da man in einer offenen Spielgruppe im Grunde zu wenig Zeit hat, um alle wichtigen Übungen so ausführlich durchzunehmen, wie eigentlich sinnvoll wäre, ist es von Vorteil, gegebenenfalls einen Teil der Übungen auf weitere Welpenerziehungskurse oder auch Einzelstunden auszulagern.

Spielgruppen für kleine Rassen wären eine gute Sache, können aber leider mangels Nachfrage nicht überall angeboten werden.

Betreuung der Übungen

Ein rotierender Plan, ein Karteikartensystem oder Ähnliches ist auch dann von Vorteil, wenn Sie als Leiter der Gruppe Assistenten haben oder wenn sich – z.B. in einem Hundeverein – mehrere Personen die Betreuung der Welpengruppe teilen. Zusätzlich zu regelmäßigen Treffen des Teams zur Absprache der Ziele und der „Philosophie" der Welpengruppe sind Vor- und Nachbesprechungen wichtig, allein schon, um sich abzusprechen, wer diesmal was macht oder wofür zuständig ist. Oft reichen dafür zehn oder fünfzehn Minuten vor und nach der Stunde sowie eine hauptverantwortliche Person, die die Planung koordiniert und dafür sorgt, dass in der nächsten Stunde ggf. benötigte Materialien vorhanden sind. Zumindest wenn mehrere Personen an der Leitung der Gruppe beteiligt sind, sind auch Namensschildchen und vielleicht Kleidung mit dem Vereinsemblem oder Logo der Hundeschule hilfreich für die Orientierung der Teilnehmer.

Übung in einer Hand

Trotz partnerschaftlicher Teambesprechungen muss klar sein, wer – zumindest für die Dauer dieser bestimmten Übung – das Sagen hat. Sonst entsteht Chaos und auch die Welpenbesitzer wissen nicht mehr, woran sie sind und auf wen sie hören sollen. Es sagt also immer dieselbe Person die Übungen an. Wird die Leitung einer Übung von einem Assistenten übernommen, sollten die anderen Betreuer, auch der Leiter, diesem normalerweise nicht hineinreden, da dies den Assistenten vor der Gruppe bloßstellen und verunsichern kann. Kritik wird also unter vier Augen oder bei der Nachbesprechung geübt. Und wenn Sie als Leiter doch einmal direkt in eine Übung eingreifen müssen, tun Sie es so, dass Ihr Helfer sein Gesicht wahren kann.

Kompetenzüberschreitung vermeiden

Umgekehrt dürfen auch die Helfer ihre Kompetenzen nicht überschreiten. Hundehalter, die Fragen haben, die das Wissen des Assistenten noch über-

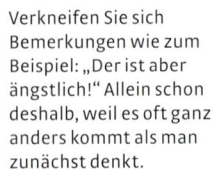

Verkneifen Sie sich Bemerkungen wie zum Beispiel: „Der ist aber ängstlich!" Allein schon deshalb, weil es oft ganz anders kommt als man zunächst denkt.

schreiten oder bei denen er sich nicht sicher ist, wie der Gruppenleiter dazu steht, sollten von ihm an den Leiter verwiesen werden. Denn es ist sehr wichtig, dass die Teilnehmer auf ihre Fragen vom ganzen Team etwa die gleichen Antworten bekommen. Hilft der Assistent einem Teilnehmer bei einer Übung oder erklärt ihm einzeln etwas, muss er dabei darauf achten, dass er die Aufmerksamkeit des Teilnehmers nicht von den nächsten Erklärungen des Gruppenleiters ablenkt.

Der Umgang mit Welpenbesitzern

Da Sie oft der erste „Experte" sind, auf den der Ersthundehalter trifft, haben Sie als Leiter der Welpengruppe oder Mitglied des Betreuerteams eine große Verantwortung gegenüber den Welpenbesitzern. Zwar müssen Sie Fehler ansprechen, die die Hundehalter machen, oder auf kommende Probleme hinweisen, jedoch sollte dies diplomatisch geschehen. Stoßen Sie den Teilnehmer, der in bester Absicht, mit vielen guten Vorsätzen, großen Hoffnungen und hohen Erwartungen kommt, nicht vor den Kopf, indem Sie ihn herunterputzen oder ihm das Gefühl geben, unfähig zu sein oder keine Ahnung zu haben. Verkneifen Sie sich das bei manchen Hundetrainern beliebte Sich-wichtig-Machen durch möglichst düstere Prophezeiungen á la: „Die Rasse passt aber gar nicht zu Ihnen", „Wie konnten Sie nur dort Ihren Hund kaufen?" oder „Damit werden Sie noch Probleme bekommen!" Verständlicherweise wird niemand, der mit einem süßen Welpen auf dem Arm ankommt, hören wollen, dass er gerade einen großen Fehler begangen hat. Sie haben auch gar nicht das Recht dazu, über jemand, den Sie erst seit wenigen Minuten kennen, so schnell und hart zu urteilen.

Es kann zum Beispiel einfach an der Tagesform liegen, und beim nächsten Mal zeigt sich der Welpe ganz anders.

Spielen mit dem Hund macht nicht nur Spaß, sondern ist auch gut für die Bindung.

Info | Prophezeiungen

Bedenken Sie, dass ein nebenbei dahingeworfener, launiger Kommentar wie „Na, du kleiner Angstbeißer!" oder „Der ist ja ganz schön dominant!" unter Umständen verheerende Folgen haben kann. Vom Welpenbesitzer werden sie manchmal bitterernst genommen und wirken noch Jahre später in Form von selbsterfüllenden Prophezeiungen auf das Verhältnis zum Hund ein.

Häufig kommt es anders …

Mancher unbedarfte Retrieverbesitzer, der das erste Mal in Lackschuhen und heller Jacke auf der matschigen Welpenwiese stand und ungeschickt mit dem Karabinerhaken kämpfte, stapft ein Jahr später in Gummistiefeln und Wachsjacke mit Dummys und Hundepfeife behängt mit seinem glücklichen Vierbeiner im Regen durch den Wald. Und sogar wenn Ihre Befürchtungen vollkommen berechtigt sind oder Sie vor zu erwartenden Problemen warnen müssen, gibt es nettere Arten und bessere Zeitpunkte, diese Informationen an den Mann oder die Frau zu bringen, als ausgerechnet die ersten Minuten in der Welpengruppe.

Unterstützung und Grenzen

Ihre Rolle den Hunden und Menschen gegenüber sollte also eher darin bestehen, zu ermöglichen und zu unterstützen als einzuengen und zu verunsichern. Dennoch müssen Sie natürlich auch den Menschen manchmal Grenzen setzen. Es müssen zwar nicht alle Teilnehmer hundertprozentig nach Ihrer Pfeife tanzen, jedoch können Sie natürlich in Ihrer Welpengruppe nichts zulassen, was in Ihren Augen völlig verkehrt ist oder bei den anderen Teilnehmern oder unbeteiligten Zuschauern einen unerwünschten Eindruck von Ihrer Welpengruppe hinterlassen würde. Wenn jemand z.B. seinen Hund an der Leine ruckt oder anschreit, müssen Sie sofort und deutlich klarmachen, dass dies in Ihrer Gruppe tabu ist. Aber wenn er nur eine bestimmte Übung nicht mitmachen oder seinen Hund nicht mit Leckerchen belohnen will, sollten Sie nicht zu viel Druck auf ihn ausüben. Ein paar erklärende Worte, warum Sie die Übung oder die Leckerchen für sinnvoll halten und das Angebot, ihm welche zu „leihen", falls er keine dabei hat, genügen. Schließlich stört dies die anderen Teilnehmer nicht und wenn Sie zu lange auf dem Punkt herumreiten, erzeugen Sie eher

Der Umgang mit Welpenbesitzern

Daher sollte auch vor allem der Besitzer mit dem Welpen spielen und nicht der Gruppenleiter.

eine Trotzreaktion. Es kann aber gut sein, dass der betreffende Teilnehmer zwei oder drei Wochen später die fragliche Übung mitmacht oder selbst Leckerchen mitbringt, wenn er den Nutzen eingesehen hat. Es kann aber auch sein, dass er nicht wiederkommt, weil ihm Ihre Art des Trainings nicht gefällt. Das ist in Ordnung und braucht Sie nicht zu kränken. Es müssen ja nicht alle denken wie Sie.

Fragen für alle

Achten Sie darauf, sich nicht von einzelnen Teilnehmern durch deren Fragen zu sehr blockieren zu lassen oder sich in einem Einzelgespräch zu verlieren. Schließlich sind Sie der ganzen Gruppe verpflichtet und müssen auch das Spiel der Hunde beaufsichtigen. Auf Fragen von allgemeinem Interesse können Sie in Form eines Kurzvortrags für alle eingehen, entweder spontan oder anlässlich der vorgesehenen Fragerunde oder Theorieeinheit. Handelt es sich um eine eher individuelle Frage, deren Beantwortung mehr als ein paar Sätze erfordern würde, bitten Sie den Teilnehmer, diese nach der Stunde zu besprechen. Sie können auch eine Einzelstunde anbieten, falls es Probleme oder sehr viele Fragen gibt.

Hundeverhalten erklären

Erklären Sie den Teilnehmern möglichst oft, wie das Verhalten zu interpretieren ist, das die Hunde gerade zeigen, und warum und wie Sie ins Spiel der Hunde eingreifen oder warum Sie es jetzt (noch) nicht tun. So wird Ihr Handeln nachvollziehbar und der Welpenbesitzer kann auch bei Hundekontakten außerhalb der Welpengruppe besser einschätzen, ob das, was da vor sich geht, noch okay oder schon grenzwertig ist. Machen Sie aber auch ggf. freundlich, aber bestimmt klar, dass normalerweise Sie oder Ihre Assistenten entscheiden, wann eingegriffen wird.

Der Gruppenleiter sollte jedoch dem Besitzer erklären, wie er das Spiel in die richtigen Bahnen lenken kann.

Wechsel in eine andere Gruppe
Wenn absehbar ist, dass ein Hund aus der Welpen- in die Junghundgruppe wechseln soll oder gar die Junghundgruppe ganz verlassen muss, kündigen Sie dies dem Besitzer wenn irgend möglich schon ein oder zwei Wochen vorher an und erklären Sie ihm die Gründe. Für manche Teilnehmer ist so ein „Rausschmiss" nämlich ein kleiner Schock, da sie gern zur Gruppe kommen. Außerdem hat der Besitzer oft schon selbst wahrgenommen, dass Sie seinen Hund in letzter Zeit öfter von den anderen trennen oder „splitten" mussten und interpretiert dies oft fälschlich so, dass sein Hund ein Störenfried oder Raufbold ist. Er ist dann erleichtert zu hören, dass sein Hund z.B. einfach nur zu groß für die anderen geworden ist. Der Rauswurf wird auch dadurch gemildert, wenn Sie die Teilnahme an einem Erziehungskurs oder Ähnlichem anbieten können.

Probleme erkennen

Eine ganze Reihe von Problemen treten in der Welpengruppe selbst auf oder werden dort offenbar. Auf andere werden Sie erst durch die Fragen oder Erzählungen der Besitzer aufmerksam. Ich möchte hier kurz auf einige Probleme eingehen und mögliche Gegenmaßnahmen aufzeigen.

Angst
Fremdelt ein Welpe oder hat sogar richtiggehend Angst vor Menschen, ist das immer ein Alarmsignal. Denn es besteht die Gefahr, dass er seine Unsicherheit nach der Pubertät in hysterisches Verbellen von Besuchern oder Passanten umsetzt oder sogar anfängt, zu schnappen. Sie müssen daher gegebenenfalls das Gespräch mit dem Besitzer suchen und ihn auf das Problem aufmerksam machen, denn viele Hundehalter finden es nicht weiter schlimm, wenn der Welpe sich nicht von Fremden anfassen lassen will. Schließlich wollen sie gar nicht, dass er „zu jedem geht".

Füttern aus der Hand
Ist der Welpe noch jung und die Angst noch nicht allzu ausgeprägt, besteht die Chance, ihn noch besser auf Menschen zu sozialisieren, indem man ihn in den nächsten Wochen von möglichst vielen Menschen aus der Hand füttern lässt und freundlichen Kontakt zu vielen Menschen herstellt. (Ähnliches gilt für die Angst z.B. vor glatten Böden, lauten Geräuschen usw. Teilweise kann man sie im Welpenalter noch durch etwas intensiveres Gewöhnen und Üben auffangen.)

Ersatzverhalten
Ist die Angst so schlimm, dass der Welpe in Stress gerät, wenn Menschen versuchen, Kontakt zu ihm aufzunehmen

Greift man so ungeschickt und bedrohlich nach einem Welpen, ist es natürlich kein Wunder, dass er Angst bekommt.

oder schon aus Angst Passanten verbellt, ist leider bereits jetzt nur noch Schadensbegrenzung möglich. Das Training verläuft dann so wie bei einem erwachsenen Hund mit Angstproblemen. Einem ängstlichen Welpen kann man aber noch eher ein solides Ersatzverhalten beibringen, ehe er beginnt, Unsicherheit in Aggression umzusetzen. Der Besitzer sollte ihn also vorbeugend z.B. lehren, Blickkontakt zu ihm aufzunehmen oder ihn an die Hand zu stupsen, wenn ein Passant entgegenkommt, auf die vom fremden Menschen abgewandte Seite zu kommen, wenn sein Besitzer ein Schwätzchen mit dem Nachbarn hält oder für ein Leckerchen SITZ zu machen, wenn Besuch hereinkommt. Es sind ggf. ein paar Einzelstunden angebracht, um dem Besitzer zu zeigen, wie er das Training durchführen kann.

Hat ein Welpe generell Angst vor fremden Menschen, ist das nicht etwa normal, sondern besorgniserregend.

Aggression

Auch ganz „normale" Welpen haben Tage, an denen sie biestig sind oder machen Phasen erhöhter Aggressionsbereitschaft durch. Es ist also noch kein Alarmsignal, wenn ein Welpe einmal während einer Spielstunde durch aggressiveres Verhalten auffällt. Es gibt aber leider auch immer wieder Hunde, die sich schon früh offensichtlich in Richtung Raufer bewegen. Meist sind dies große und starke Hunde, die einfach ausgesprochen grob spielen. Oft neigen sie aber auch dazu, im Streitfall in die Eskalation zu gehen oder sie machen sich offensichtlich ein Späßchen daraus, andere Welpen systematisch immer wieder unterzubuttern und zur Unterwerfung zu zwingen. Es ist erfahrungsgemäß auch kein besonders gutes Zeichen, wenn ein Welpe von Anfang an kaum Interesse am Kontakt zu anderen Welpen hat.

Das richtige Management

Leider kann man den Hund oft nicht grundsätzlich ändern. Vieles ist in dieser Hinsicht offenbar genetisch bestimmt. Wird aber deutlich, in welche Richtung der Zug fährt, besteht noch die Möglichkeit, das Verhalten kontrollierbar zu halten, so dass es später nicht zu allzu großen Problemen führt. Wichtig ist, den Besitzer darin zu unterweisen, dass er erkennt, wenn sein Hund zu sehr aufdreht oder zu aggressiv wird und ihm zu zeigen, wie er ihn durch Splitting, das Belohnen von freundlichem Verhalten gegenüber anderen Hunden, rechtzeitiges Abrufen oder vielleicht auch durch das frühe Etablieren eines Abbruchsignals „managen" kann. Dazu bedarf es natürlich auch eines sehr engagierten Besitzers, der bereit ist, diese Maßnahmen gewissenhaft durchzuführen.

Ausschluss aus der Gruppe

Obwohl man gerade den Hunden, die zu Aggression gegen Artgenossen neigen, eine Chance in der Welpengruppe geben möchte, muss man doch auch die anderen Hunde schützen, deren Sozialverhalten sich durch die Anwesenheit des Aggressiven in eine ungute Richtung entwickeln könnte. Und allein seine bloße Anwesenheit kann die anderen Welpen schon beeinträchtigen, da sie Angst vor ihm haben. Daher bleibt leider oft keine andere Wahl, als den zu aggressiven Welpen aus der Gruppe auszuschließen. Erklären Sie seinem Besitzer, dass es auch darum geht, dass sein Hund kein unerwünschtes Verhalten einüben kann. Bieten Sie ihm Einzeltraining an, um ihm dabei zu helfen, mit dem Verhalten seines Hundes umzugehen.

Verteidigen von Spielzeug

Verteidigt ein Welpe übertrieben Spielzeug gegen andere Hunde, kann man in der Gruppe nicht viel mehr tun, als es einzusammeln, da sich die Situation nicht wirklich steuern lässt. Ähnlich ist es bei übertriebenem Futterneid: Bei Übungen, bei denen alle Hunde frei laufen und Leckerchen im Spiel sind, muss man bei Hunden, die die Leckerchen ihres Menschen verteidigen oder sogar zu anderen Menschen laufen und deren Hunde von den Leckerchen zu vertreiben versuchen, einfach aufpassen. Der Besitzer soll sofort aufhören zu füttern und weggehen, wenn sein Welpe einen anderen Hund androht, der „seinen" Leckerchen oder „seinem" Menschen zu nahe kommt. Ist das Problem sehr ausgeprägt oder verteidigt der Welpe auch zu Hause Spielzeug oder Futter gegen seine Menschen, sollten Sie mit dem Besitzer einen Einzeltermin ausmachen, um ihm zu zeigen, wie er mit seinem Hund üben kann, um das Problem einzudämmen. Im Wesentlichen sollte es dabei darum gehen, den Hund dafür zu belohnen, wenn er die Annäherung an seine „Schätze" duldet und ein Tauschprogramm mit ihm durchzuführen, bei dem er lernen kann, dass es für ihn von Vorteil ist, seine „Beute" aufzugeben. Strafen verschlimmern das Verhalten nämlich meistens nur. Zwar gewinnt der Besitzer dabei im Moment, aber der Welpe lernt erst recht, keinen Menschen an sich heranzulassen, wenn er eine „Beute" hat.

Bei allzu wildem Beutespiel können Aggressionen auch einfach aus Übererregung entstehen.

Auch Jogger können von Hunden als (Spiel-)Beute angesehen werden. Beginnen Sie daher frühzeitig mit der Gegenkonditionierung.

Jagen und Rückrufprobleme
Im Welpenalter kann man bei Hunden mit der Veranlagung zum Jagen sehr viel erreichen und viele von ihnen relativ problemlos auf bestimmte Ersatzbeschäftigungen umstellen, ehe sie anfangen, auf eigene Faust Wild zu hetzen oder Fährten zu verfolgen. Antijagdtraining bzw. Tipps dazu gehören daher auch mit ins Programm einer Welpengruppe oder eines Welpenerziehungskurses. Leider zeigt sich aber, dass die meisten Welpenbesitzer allen „Predigten" des Gruppenleiters zum Trotz diesen Punkt vernachlässigen, weil ihnen so viel anderes wichtiger erscheint und sie sich nicht recht vorstellen können, wie sehr ein Problem sie in der Zukunft beeinträchtigen kann, von dem im Moment noch gar nichts zu bemerken ist. (Ähnliches gilt übrigens für das Leineziehen.)

Probleme erkennen

Gegenkonditionierung

Falls Sie bei „Ihren" Welpenbesitzern dennoch auf offene Ohren stoßen, ermuntern Sie sie, den Welpen darauf zu konditionieren, dass ein Beutereiz (z.B. der Anblick eines Rehs) bedeutet, dass jetzt beim Besitzer was ganz Tolles passiert. Er kann zusammen mit dem Hund in die Gegenrichtung rennen und spielen, ein Spielzeug werfen, Leckerchen auf den Boden streuen, die der Hund suchen darf oder Ähnliches. Sofern der Hund dabei nicht allzu erregt wird, kann man dies auch gezielt in kontrollierten Situationen üben, z.B. indem man zum Üben in einen Wildpark oder Hühnerhof geht (selbstverständlich gesichert mit Leine). Besonders bei jungen Welpen unter drei oder vier Monaten funktioniert dies sehr gut, da sie bewegten Objekten meist zwar nachgucken, aber noch nicht hinterherlaufen. Man kann das Stehen und Gucken dann mit Lob oder Clicker „markieren" und den Welpen mit den oben genannten Dingen belohnen, wenn er sich daraufhin umguckt.

Umgang mit eigenständigen Welpen

Ab und zu gibt es Welpen, die bereits von frühester Jugend an ungewöhnlich eigenständig sind und den Anschein erwecken, dass sie auch ohne Menschen durch die Welt gehen können und wollen. Der welpentypische Folgetrieb geht ihnen völlig ab und oft sind sie auch sehr unkonzentriert und schwer zu motivieren. Obwohl dies eine Enttäuschung für den Besitzer ist und einiges an Arbeit für ihn bedeutet, schafft man es doch gewöhnlich, den Trend umzukehren. Eventuell muss der Welpe eine Zeit lang überwiegend an der langen Leine ausgeführt werden. Füttern aus der Hand, gemeinsames Spiel, häufige Richtungswechsel und gelegentliches Sich-Verstecken auf dem Spaziergang kann helfen, Bindung aufzubauen. Clickertraining und das Belohnen von spontanem Anschauen des Besitzers mit dem Clicker bricht ebenfalls oft das Eis.

Probleme beim Anleinen

Was tun, wenn ein Welpe sich nicht greifen lassen will und beim Heranrufen nicht nah genug herankommt? Meist ist dies die Folge von negativen Verknüpfungen, also erlerntes Verhalten, das daher oft dem Besitzer gegenüber stärker ausgeprägt ist als gegenüber fremden Personen. Der Welpe hat herausgefunden, dass es das Ende der Freiheit bedeutet, wenn er es zulässt, dass sich eine Hand seinem Halsband nähert. Oder er empfindet den Prozess des Anleinens als so unangenehm, dass er davor zurückweicht. Das Zurückweichen kann schlimmstenfalls durch Lernprozesse so automatisiert werden, dass der Welpe reflexartig und „ohne Grund" ausweicht, sobald man nach ihm greift.

Dazu dürfte es eigentlich gar nicht erst kommen: Der Welpe macht unkontrolliert und außer Reichweite des Besitzers seine ersten Erfahrungen mit Hühnern …

Auf die Körpersprache achten

Es ist daher sehr wichtig, dass Sie den Besitzer anleiten, nicht von oben nach dem Hund zu grabschen und auf eine nicht-bedrohliche Körpersprache zu achten. Um den Ablauf der Stunde nicht zu stören, dürfen Sie als Gruppenleiter den Welpen zunächst ruhig anlocken oder bei Gelegenheit festhalten, wenn er dies nicht als allzu unangenehm empfindet und überhaupt zulässt. Auch ein Stückchen leichte Leine am Halsband in den Freispielphasen kann das Problem etwas verringern, da der für den Hund unangenehme Griff nach dem Halsband damit vermieden werden kann.

Vertrauen schaffen

Um das Problem zu lösen, sollte der Besitzer zunächst jeden Versuch, den Welpen einzufangen oder anzulocken, einstellen, wenn dieser sein „Spielchen" beginnt, da es dadurch nur noch schlimmer wird. Aus dem gleichen Grund darf er den Welpen auch nicht nach dem Motto „Hab ich dich" überlisten, indem er ihn mit einem Leckerchen anlockt, um ihn dann blitzschnell zu ergreifen. Stattdessen soll er clicken oder loben, wenn der Hund von selbst Blickkontakt zu ihm aufnimmt und ihm zur Belohnung ein Leckerchen zuwerfen. Auch das Verstreuen von einigen Leckerchen kann den Hund evtl. aus seiner „Wegbleib-Stimmung" herausholen. Kommt der Hund dann wieder näher an seinen Besitzer heran, clickt (oder lobt) dieser, reicht ihm ein Leckerchen und entfernt sich dann selbst schnell von seinem Welpen, statt nach dem Halsband zu greifen. Nach mehreren solchen Manövern lässt sich der Welpe dann meist problemlos anleinen, wenn man dabei etwas behutsam vorgeht.

Es kann aber noch eine ganze Zeit lang zu Rückfällen kommen. Deshalb muss der Besitzer hier unbedingt genug Geduld aufbringen.

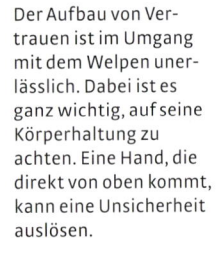

Der Aufbau von Vertrauen ist im Umgang mit dem Welpen unerlässlich. Dabei ist es ganz wichtig, auf seine Körperhaltung zu achten. Eine Hand, die direkt von oben kommt, kann eine Unsicherheit auslösen.

Handling und Leinebeißen

Manche Welpen haben große Probleme damit, eine Einschränkung ihrer Bewegungsfreiheit zu akzeptieren. Sie gewöhnen sich nur sehr schwer an die Leine, lassen sich ungern festhalten oder bürsten und entwickeln manchmal einen regelrechten Barrierenfrust mit Wutanfällen, wenn man sie ein- oder aussperrt.

Damit es nicht zu unangenehmen Problemen mit der Fellpflege, dem Tierarztbesuch oder auch dem Alleinbleiben kommt, sollten Sie den Besitzer ermutigen, besonderen Wert auf Handlingübungen (siehe S. 84) zu legen und ihm dafür gegebenenfalls individuelle Hilfe anbieten.

Leinebeißen aus Stress

Bei den hier gemeinten Welpen hilft ein Verbotswort jedoch nicht. Sie würden dieses nicht verstehen, sondern nur immer aufgeregter reagieren. Stellt sich beim Gespräch mit dem Besitzer noch heraus, dass der Welpe dieses Verhalten vorwiegend nur in ganz bestimmten Situationen zeigt (z.B. nur während der Theorieeinheiten oder auf dem Rückweg vom Spaziergang), erhärtet sich der Verdacht, dass es sich um ein stressbedingtes Problem handelt. Es geht dann eher darum, die Stresssituation zu vermeiden oder für den Hund so zu gestalten, dass er besser damit zurechtkommt. Man kann ihm zum Beispiel etwas zum Kauen oder Spielen als Ersatzbeute geben oder ihn in den entsprechenden Situationen auch eine Zeit lang besonders häufig belohnen oder mit Leckerchen ablenken, sobald oder solange er ruhig ist. Dasselbe gilt für Hunde, die beim Warten anlässlich von Übungseinheiten in ein Frustgebell verfallen.

Hält man etwas mehr Abstand und zeigt deutlich das Signal, klappt auch die Übung besser.

Übungen auf einen Blick

Sozialisierung auf Menschen

Damit Welpengruppen für den Besitzer interessant bleiben und der Welpe viel Neues lernen und entdecken kann, sollte man immer wieder neue Übungen anbieten. In diesem Kapitel werden einige Ideen vorgestellt, die man natürlich jederzeit auch noch weiter variieren kann.

Ein Hund wird in seinem Leben ständig auf fremde Menschen treffen. Ist er ihnen gegenüber unsicher, führt das nur allzu oft zu Problemen. Daher ist das Kennenlernen der unterschiedlichsten Menschen (Männer, Frauen, Kinder, ältere Personen etc.) eine der wichtigsten Übungen im Welpenalter. Die Welpengruppe bietet Gelegenheit, dem Welpen einen Teil dieser Erfahrungen unter kontrollierten Bedingungen zu vermitteln. Die Welpenbesitzer sollten gleichzeitig lernen, zu erkennen, wann ihr Hund gestresst ist und welche Art von Körpersprache auf Hunde bedrohlich wirken kann.

Dieser Welpe ist entspannt und „glücklich", was man an der lockeren Haltung und dem gelösten Gesichtsausdruck erkennen kann.

Übungen mit der Gruppe
> Hundetausch: Ein fremder Mensch freundet sich mit dem Welpen an, streichelt ihn, fasst ihn an usw.
> „Ungeschicktes Anfassen": Um die Welpen gegen das unvermeidliche Patschen auf den Kopf ein wenig abzuhärten, können der Besitzer und andere Menschen genau dies tun und dem Hund sofort danach ein Leckerchen geben.

> Menschengasse: Der Welpe geht zusammen mit seinem Besitzer durch eine enge Menschengasse oder er wird durch diese gerufen.
> Menschenkreis: Der Welpe wird zusammen mit seinem Besitzer (bei psychisch sehr stabilen Hunden auch mal allein) von Menschen eingekreist. Evtl. können diese zusätzlich in die Hände klatschen, rufen usw. Oder der Welpe wird von seinem Besitzer in einen Menschenkreis gerufen.

Körpersprache beachten
Beobachten Sie die Körpersprache des Welpen genau. Wenn er versucht, abzuhauen, sich duckt oder gar den Schwanz einzieht, ist es längst zu viel! Schon erste Anzeichen von Unbehagen wie Unruhe, hecheln, gähnen, ausweichendes Verhalten oder Ähnliches sollte Sie veranlassen, sofort die Übung zu ändern und dadurch den „Druck" auf den Hund zu verringern. Auch ein allzu übertriebenes freundlich-unterwürfiges Verhalten des Welpen mit Wedeln, Stupsen und Lecken zeigt nicht immer die reine Freude! Es gibt nämlich auch bei Hunden so etwas wie ein nervöses Grinsen.

Stressfaktoren langsam steigern
Gestalten Sie die Übungen also so, dass der Welpe möglichst gar nicht erst in Stress gerät. Fangen Sie vorsichtshalber mit schwächeren Reizen an – z.B. langsames und nicht zu enges Schließen des Kreises – und gehen Sie nur zu stärkeren Reizen über, wenn der Welpe unbeeinträchtigt bleibt. Wenn er unsicher wird, sorgen Sie sofort dafür, dass der Kreis oder die Gasse erweitert wird, die Helfer aufhören zu klatschen etc. Zusätzlich soll der Besitzer in diesen Fällen seinem Welpen Leckerchen anbieten und evtl. neben ihm in die Hocke gehen, um ihm Schutz zu bieten. Sehr unsichere Hunde bekommen im Personenkreis ausnahmsweise auch Leckerchen direkt von den Hilfspersonen.

Oft reichen einige solche positiven Erfahrungen bereits aus und auch der schüchterne Welpe findet den Menschenkreis „toll".

Aufmerksamkeit

Ein Mensch kann einem Hund nur etwas beibringen, wenn der Hund sich auf ihn konzentriert. Zudem gilt beim Welpen die Regel, dass man ein Hörzeichen wie SITZ oder PLATZ nur geben sollte, wenn er einen anschaut. Denn guckt er in die Gegend oder schnüffelt am Boden, wird er es meistens sowieso nicht ausführen. Auf seinen Namen zu reagieren und auch von sich aus oft Blickkontakt zu „seinem" Menschen aufzunehmen sind daher die vielleicht wichtigsten Basisfähigkeiten, die ein Hund schon früh lernen sollte.

Info | **Ängstliche Welpen**

Hat ein Welpe Angst vor fremden Menschen, müssen Sie natürlich bei den hier beschriebenen Übungen besonders behutsam vorgehen. Beim Hundetausch oder der Übung „ungeschicktes Anfassen" bleiben Sie als Übungsleiter bei diesem Welpen, erklären den Hilfspersonen genau, was sie machen sollen und achten darauf, dass es dem Kleinen nicht zu viel wird. Auch sollte bei ängstlichen Welpen der Besitzer dicht dabei bleiben, wenn fremde Menschen versuchen, mit ihm Kontakt aufzunehmen, sich dabei aber neutral verhalten.

Konditionierung auf den Namen

Um dem Welpen beizubringen, dass sein Name etwas bedeutet, nimmt der Besitzer unauffällig ein Leckerchen in die Hand und sagt den Namen des Hundes ein einziges Mal in freundlich-vielversprechendem Ton in einem Moment, in dem der Welpe gerade nicht besonders abgelenkt ist. Schaut der sich daraufhin um, bekommt er das Leckerchen sofort mit freundlichen Worten gereicht. Reagiert er mal nicht, ist das nicht weiter schlimm. Der Welpe war nicht „ungehorsam", sondern es wurde nur eine Gelegenheit zur Verknüpfung seines Namens verpasst. Also bitte nicht an der Leine ziehen oder auf den Hund einreden, sondern einfach etwas später in einem günstigeren Moment einen neuen Versuch starten. Recht bald kann das Leckerchen von etwas anderem abgelöst werden, das den Welpen interessiert oder erfreut, wie z.B. der Aufbruch zu einem Spaziergang, ein Richtungswechsel des Besitzers, ein Spielangebot usw. Übrigens lernen viele Hunde dies besser, wenn statt des Namens ein neutrales Schnalzen verwendet wird – besonders in Familien mit Kindern, in denen der Name des Hundes oft genannt wird und daher manchmal schon etwas „abgenutzt" ist.

Möchte der Welpe beim Fußlaufen vorausstürmen, ist es wichtig, seine Aufmerksamkeit wieder auf sich zu lenken. Das kann man z. B. mit einem Leckerchen erreichen.

Spontaner Blickkontakt

Für die Übung „spontaner Blickkontakt" hat der Besitzer den Welpen zunächst an der Leine und hält den Cicker bereit. Nun wartet er einfach ab, bis sein Hund ihn von sich aus anschaut. Ein Blick auf Hände oder den Körper des Menschen reicht vorerst aus. Sofort gibt es dann einen Click (Lobwort), gefolgt von einem Leckerchen aus der Tasche. Nach einigen Wiederholungen versteht der Welpe, dass es sich in dieser Situation lohnt, seinen Menschen anzuschauen und wird dies vermehrt und gezielt tun. Im Moment ist damit das Ziel der Übung erreicht. Belohnt man den spontanen Blickkontakt oft und in vielen Situationen, wird dieses Verhalten zu einer Art Standardreaktion, die dem Hund als Erstes einfallen wird, wenn er einmal nicht so recht weiß, was von ihm erwartet wird. Daher wird bei dieser Übung auch absichtlich kein Hörzeichen verknüpft. Die Übung eignet sich auch gut als Vorbereitung zum Üben in neuen Situationen und unter Ablenkung: ist der Hund (noch) nicht in der Lage, Blickkontakt anzubieten, hat es meist keinen Zweck, kompliziertere Übungen mit ihm zu versuchen.

Heranrufen aus unterschiedlichen Situationen

Der Besitzer bekommt durch diese Übungen mehr Sicherheit, seinen Welpen auch einmal ohne Leine laufen zu lassen, da er besser einschätzen kann, in welchen Situationen der Welpe noch problemlos abrufbar ist und wann nicht. Machen Sie die Halter auch darauf aufmerksam, dass der Folgetrieb später nachlässt (siehe S. 11) und es deshalb wichtig ist, das Heranrufen in den unterschiedlichsten Situationen gerade jetzt zu üben, solange es noch einfach zu etablieren ist.

Übungen mit der Gruppe

> Basisübung: Heranrufen an der Leine. Der Besitzer macht den Welpen aufmerksam, indem er ihm z.B. ein Leckerchen oder Spielzeug zeigt. Erst dann ruft er ihn und bewegt sich einladend ein paar Schritte rückwärts von ihm weg. Holt der Welpe seinen Menschen ein, bekommt er natürlich unter viel Lob das Leckerchen (Spielzeug).
> Abrufen aus leichter Ablenkung: Der Welpe wird von einem Helfer vom Besitzer abgelenkt (zum Beispiel indem der Helfer ihn an seiner Hand schnuppern lässt). Der Besitzer ruft den Hund. Reagiert der Welpe nicht, sollte der Helfer einen Schritt zurückgehen und damit die Ablenkung verringern. Der Besitzer startet dann erneut einen zweiten Versuch.
> Heranrufen mit Helfer: Ein Helfer hält den Welpen fest und der Besitzer ruft ihn. Variationen: Der Besitzer rennt mit Spielzeug weg und ruft den Hund; der Besitzer versteckt sich, verkleidet sich, legt sich auf den Boden oder dreht dem Hund den Rücken zu und ruft ihn; der Hund muss einen Umweg machen, Hindernisse überwinden oder an einer Ablenkung (z.B. anderen Hunden oder Menschen) vorbeilaufen, um zum Besitzer zu kommen.
> Hin- und Herrufen zwischen zwei Personen – besonders für Familien mit Kindern ein schönes Lernspiel.
> Aus dem Spiel herausrufen und wieder laufen lassen. Dies geht oft anfangs nur in Verbindung mit massivem Locken. Ehe der Besitzer ruft,

wartet er entweder einen günstigen Moment ab oder nähert sich dem Welpen z.B. mit einem attraktiven Leckerchen und ruft erst, wenn der Welpe sich dafür interessiert.

> Den Welpen rufen und wenn er angekommen ist, versuchen, ihn etwas bei sich zu behalten und an sich zu binden, z.B. durch das Verfüttern von mehreren kleinen Leckerchen hintereinander, Spielen, ins SITZ oder PLATZ locken usw.

Motivation durch Bewegung

Wichtig bei allen Übungen zum Heranrufen ist, dass der Besitzer nur einmal, aber hell und freundlich und in enthusiastischem Tonfall, ruft. Danach bzw. wenn der Welpe sich daraufhin zu ihm umdreht oder auf ihn zuläuft, clickt oder lobt er und motiviert ihn, schnell heranzukommen. Dies geschieht bei sehr jungen Welpen, indem man einladend in die Hocke geht und ihnen evtl. ein Leckerchen hinhält. Etwas ältere Welpen oder Junghunde lassen sich vor allem mit Bewegung motivieren: Der Besitzer schwenkt ein Spielzeug oder zieht es über den Boden, winkt mit einem Leckerchen, rennt vom Hund weg usw. Kommt der Hund heran, soll der Besitzer nicht voreilig und von oben nach ihm greifen und sich beim Anleinen nicht über ihn beugen. Stattdessen soll er den Welpen zunächst loben, füttern, mit ihm spielen oder ihn streicheln. Sozusagen eingebettet in diese Belohnung kann er von der Seite oder von unten ins Halsband greifen und die Leine einhaken.

Das Hin- und Herrufen zwischen zwei Familienmitgliedern ist eine ebenso spaßige wie nützliche Übung.

Abrufen sehr ängstlicher Welpen

Wenn Sie als Übungsleiter einen Welpen festhalten, damit sein Besitzer ihn abrufen kann, achten Sie darauf, sich nicht bedrohlich über ihn zu beugen und halten Sie ihn ggf. mit einer Hand vor der Brust zurück, damit er sich nicht würgt. Hat der Welpe etwas Angst vor Ihnen, dann bieten Sie ihm ein Leckerchen an und wenden Sie Ihr Gesicht betont von ihm ab. Hat er große Angst, sollten Sie ihn nur auf Abstand mit der Leine festhalten und diese nachschleifen lassen, wenn er gerufen wird. Oder der Besitzer kann ein Stück Schnur unter seinem Halsband durchziehen und Sie ergreifen das Ende der Schnur und lassen es unter seinem Halsband durchgleiten, wenn sein Besitzer ihn ruft.

Konzentration auf den Besitzer

Lassen Sie den Welpen erst los, nachdem sein Besitzer gerufen hat, und möglichst in einem Moment, in dem er nicht gerade schrecklich zieht oder kläfft, damit dies unerwünschte Verhalten nicht verstärkt wird. Er wird dahin laufen, wo er hinguckt. Also lassen Sie ihn nur los, wenn er gerade zu seinem Besitzer sieht.

Probleme mit der Orientierung

Junge Welpen scheinen manchmal noch Probleme mit der Ortung zu haben. Lassen Sie den Besitzer deshalb anfangs nur ein paar Schritte weggehen. Er soll sich etwas bewegen oder in die Hände klatschen, damit der Welpe ihn besser wahrnimmt. Notfalls kann der Besitzer seinen Welpen vor dem Weggehen mit einem Leckerchen „anreizen", damit der sich auf ihn konzentriert. Traut der Welpe sich nicht, loszulaufen, gehen Sie selber ein paar Schritte in Richtung auf den Besitzer zu. Meist läuft der Welpe dann auch los. Zögert er, soll der Hundehalter sich etwas zur Seite drehen, da eine starre „Frontposition" wie eine Drohgeste wirken und das Herankommen hemmen kann. Auch ein „Wedeln" mit der locker herabhängenden Hand kann helfen.

Je klarer der Wechsel zwischen bewegtem und lustbetontem Spiel und „toter Beute" ist, desto leichter lernt der Welpe das Ausgeben.

Spiel und Beschäftigung mit Welpen

Hier geht es einerseits darum, dem Besitzer zu zeigen, wie er das Spiel attraktiv gestalten kann und andererseits, wie er es erreichen kann, dass der Hund kontrollierbar bleibt. Wenn Sie als Gruppenleiter verschiedene Spielzeuge parat haben, können die Hundehalter sogar ausprobieren, welche Art Spielzeug ihrem eigenen Hund am besten gefällt.

Richtig spielen
- Der Besitzer spielt mit dem Welpen (evtl. anfangs an der Leine).
- Der Besitzer spielt mit dem Welpen oder lockt ihn mit Leckerchen und geht so mit ihm an den anderen Hunden vorbei. Dies dient dazu, dass der Hund lernt, sich auch in der Nähe von Artgenossen auf seinen Besitzer zu konzentrieren.
- Suchspiele als Anregung zu artgerechter Beschäftigung mit dem Hund und zum Bindungsaufbau: Der Besitzer versteckt Leckerchen oder Spielzeug, während sein Hund – evtl. von einem Helfer festgehalten – zuguckt. Danach geht er zusammen mit seinem Welpen auf die Suche.

Welpen mögen meist weiche Spielzeuge (Stofftiere) oder solche mit „Anhängseln" (Schnur mit zwei Bällen daran oder Ähnliches) am liebsten. Eine Schnur ist sowieso praktisch, denn Spielzeug ist im Grunde Beute und wird dadurch interessant, dass man es bewegt, als sei es ein kleines Beutetier, das über den Boden huscht. Oft hilft die Ermunterung: „Spielen Sie wie mit einem Kätzchen mit einem Wollknäuel."

Ausgeben einer „Beute"
Zum Ausgeben wickelt man mitten im Tauziehen so viel wie möglich von dem Spielzeug in der eigenen Hand auf, packt das Spielzeug dicht an den Lefzen des Hundes und hält es dann so ruhig wie möglich. Dadurch verliert das Spiel deutlich an Attraktivität – die „Beute" ist „tot". Nach einiger Zeit wird der Welpe daher seinen Griff lockern und schließlich ganz loslassen. Der Besitzer lobt dann und bewegt das Spielzeug sofort wieder einladend. Der Hund lernt: „Wenn ich schnell loslasse, wird das Spiel danach wieder lustiger" und lernt so ein schönes „sauberes" Ausgeben auch in höchster Spielerregung. Wichtig ist, dass der Besitzer nicht versucht, dem Welpen das Spielzeug schnell zu entreißen, sobald er seinen Griff etwas lockert, denn sonst lernt er nur, umso fester zu packen. Ist der Ablauf bereits zur Routine geworden, kann man ein entsprechendes Hörzeichen (GIB HER) aussprechen, sobald der Hund beginnt, seinen Griff zu lockern.

Hier führen zwei Fehler zum Anspringen im Spiel: Der Mensch sollte betont aufrecht stehen und das Spielzeug deutlich außerhalb der Reichweite des Hundes halten.

Anspringen

Nur weil ein Mensch ein Spielzeug in der Hand hält, sollte der Hund nicht an ihm hochspringen und versuchen, ihm das Spielzeug zu entreißen. Der Hundehalter kann dies klarmachen, indem er betont aufrecht dasteht und das Spielzeug ruhig und dicht am eigenen Körper hält, und zwar so weit oben, dass der Welpe es, auch wenn er hochspringen sollte, nicht erreichen kann. Zusätzlich kann er einmal mit strenger Stimme NEIN sagen und die freie Hand mit gespreizten Fingern zwischen Hund und Spielzeug halten.

> **Tipp | Spielabbruch**
>
> Sollte der Welpe im Spiel die Hand (oder Kleidung) des Besitzers erwischen, ruft dieser sofort einmal relativ laut und barsch NEIN und bricht das Spiel umgehend ab, indem er sich aufrecht und etwas steif hinstellt, ggf. die Arme verschränkt und den Welpen völlig ignoriert (auch nicht angucken oder schimpfen).

Erst wenn der Hund ein paar Momente unten geblieben ist, geht das Spiel weiter, indem der Besitzer das Spielzeug zum Hund hinuntersenkt und eindeutig einladend bewegt.

Impulskontrolle

Ein unerzogener Hund ist ein Hund ohne Impulskontrolle. Er lebt nach dem Motto „Genuss sofort!" Er will Futter haben – er nimmt es sich, ob von der Küchenanrichte oder aus der Hand eines Kleinkindes. Er will jemanden begrüßen – er begrüßt ihn, egal ob er seinen Besitzer hinter sich her schleift oder die Person gar nicht begrüßt werden möchte. Ein gut erzogener Hund hingegen versteht, dass der Weg, das zu bekommen, was er will, darin besteht, sich selbst zu kontrollieren. Der gut erzogene Hund setzt sich, wenn er Futter haben möchte, weil nur höfliche Hunde Leckerchen bekommen. Er begrüßt Leute mit allen Vieren auf dem Boden, weil nur stehende Hunde gestreichelt werden, und so weiter.

Leckerchen vorsichtig nehmen

Der Besitzer bietet dem Hund ein Leckerchen an, das so gehalten wird, dass es nur zum Teil zwischen den Fingern herausragt. Ist der Welpe grob, hält er das Leckerchen zurück. Nur wenn er behutsam ist, überlässt er ihm das Leckerchen. Da die Fehlversuche eines gierigen Welpen anfangs durchaus wehtun können, ist dies zunächst eine Übung für Erwachsene! Bei weiteren Übungen kann man den Welpen auch mal in eine besonders gierige oder aufgeregte Stimmung versetzen, indem man besonders schmackhafte Leckerchen verwendet oder ihn mit dem Leckerchen „ärgert", ehe man es ihm anbietet.

Warten vorm Leckerchen

Der Welpe soll lernen, auf ein bestimmtes Hörzeichen hin ein verlockendes Leckerchen liegen zu lassen. Obwohl dies auch die Basis für das Einüben eines Abbruchsignals ist, sollte zunächst eher im Vordergrund stehen, den Welpen dafür zu belohnen, dass er sich beherrscht.

Mit dem Wort NO (als Beispiel) hält der Besitzer dem Welpen ein Leckerchen hin. Möchte er es nehmen, geht die Hand zu (nicht wegziehen, nur schließen). Die meisten Welpen lecken, knabbern und bepfoteln dann die Faust. Der Hundehalter ignoriert dies alles. Zieht der Welpe sich schließlich von der Hand zurück, gibt es dafür Click (Lob) und danach das Leckerchen. Anfangs reicht es, wenn er sich nur für eine Sekunde abwendet. Ziel ist, dass das Leckerchen nach dem NO auf der offenen Hand in Reichweite des Hundes liegen kann. Dann können die Wartezeiten ausgedehnt werden.

Übung für Fortgeschrittene

Als fortgeschrittene Variationen kann das Leckerchen in einer Schüssel, auf einem Hocker oder auf den Boden liegen oder von einer Hilfsperson angeboten werden. In diesem Stadium bekommt der Welpe als Belohnung dann nicht mehr das Leckerchen, das anfangs angeboten oder ausgelegt wurde, sondern ein anderes aus der Tasche des Besitzers.

Auch die Fütterungszeiten bieten eine Gelegenheit, die so wichtige Impulskontrolle zu üben.

Für die Leinenführigkeit ist es wichtig, dass der Mensch sich möglichst gleichmäßig durch die Landschaft bewegt. Eine längere Leine ist günstig.

Ruhig warten an der Leine

Ziel ist, dass bereits der Welpe lernt, an der Leine „steady" zu sein. So nennt man es bei Jagdhunden, wenn sie angeleint ruhig und ohne zu ziehen neben dem Jäger warten, obwohl Wild aufspringt, geschossen wird oder der Nachbarhund zum Apportieren losgeschickt wird. Beim Jagdhund ist das natürlich unverzichtbar und wird daher sehr gründlich geübt. Aber auch beim Familienhund lohnt sich ein entsprechendes Training. Der Hund darf interessante Dinge außerhalb seines Leinenbereichs zwar sehnsüchtig angucken, aber er soll nicht ziehen und schon gar nicht in die Leine springen.

Für die Basisübung wird die Leine so gehalten, dass sie am Halsband oder Geschirr gerade noch locker ist, aber kaum durchhängt. So kann man den Welpen schnell, aber ohne Ruck stoppen. Als „Objekt", das außerhalb des Leinenbereichs auftaucht, eignet sich anfangs z.B. ein Leckerchen in der Hand einer Hilfsperson, das deutlich außerhalb des Leinenbereichs gehalten wird. Wenn der Welpe selbstbeherrscht bleibt und nicht in die Leine springt, clickt (lobt) der Besitzer und belohnt seinen Hund mit Leckerchen oder Spiel (manchmal auch mit Zugang zu dem begehrten Objekt). Springt er los, stoppt ihn die Leine ab.

Schwierigkeitsgrad anpassen
Über den Abstand zwischen Welpe und „Objekt" kann man den Schwierigkeitsgrad der Übung dosieren. Schafft ein Welpe es trotz mehrmaliger Versuche nicht, ruhig zu bleiben, sollte der Abstand zum Objekt deutlich erhöht werden, bis es klappt. Variationen für Fortgeschrittene können sein: Ein Spielzeug wird gezeigt; ein Leckerchen wird

geworfen; ein Spielzeug wird vorbeigezogen oder -gerollt; jemand stellt sich außerhalb des Leinenbereichs neben den Hund; jemand geht vorbei; jemand geht mit einer Einkaufstüte vorbei usw. Besonders wichtig, aber natürlich auch schwierig, ist, dass der Welpe lernt, in der Nähe anderer Hunde ruhig zu bleiben, unter anderem auch, da dies Aggressionsproblemen bei Hundebegegnungen vorbeugt (siehe auch S. 119).

Gehen an lockerer Leine

Im Grunde handelt es sich „nur" um „steady" sein in der Bewegung. Weil der junge Hund aber im Gehen dauernd wieder neue, interessante Objekte oder Gerüche entdeckt und zudem lieber schneller laufen würde als sein Besitzer, ist dies gerade für Welpen und Junghunde eine echte Herausforderung und muss immer wieder geduldig geübt werden. Das Übungsprinzip besteht aus zwei gleich wichtigen Teilen: Der Welpe wird einerseits dafür belohnt, dass er im Leinenbereich mitgeht und darf andererseits keinen Erfolg mit dem Leineziehen haben.

Übungsaufbau
Damit der Welpe lernt, auf Höhe seines Besitzers mitzulaufen, zeigt dieser ihm zu Beginn ein Leckerchen und lässt es auf den Boden fallen. Während der Welpe es frisst, geht der Mensch weiter, so dass sich dem Hund das Bild eines von ihm weggehenden Menschen bietet, wenn er wieder aufschaut. Er läuft seinem Besitzer dann nach und bekommt einen Click (Lobwort), sobald er neben diesem auftaucht. Das Leckerchen wird wieder auf den Boden geworfen und so weiter. Durch das Fressen vom Boden wird der Hund „verlangsamt" und schließt immer wieder von hinten auf. Durch das Clicken (loben) lernt er, dass es erstrebenswert ist, neben dem Besitzer zu laufen und er beginnt, diese Position aktiv einzunehmen und beizubehalten. Die Clicks können dann später kommen (erst wenn der Hund ein paar Schritte „ordentlich" mitgegangen ist) und das Leckerchen kann dann auch wieder aus der Hand gegeben werden. Günstig ist für diese Übung eine etwas längere Leine (mindestens ca. anderthalb Meter).

Geht der Hund gut mit, kann er ab und zu ein Leckerchen bekommen. Strafft sich die Leine, bleibt der Mensch sofort stehen.

Zusätzlich muss der Besitzer sofort schweigend stehenbleiben, falls der Welpe doch nach vorne zieht. Er wartet ab, bis sich die Leine durch eine Aktion des Welpen wieder lockert – dann geht es (evtl. mit einem Richtungswechsel verbunden) zügig weiter.

Das doppelte Führsystem
Das Einüben einer zuverlässigen Leinenführigkeit erfordert sehr viel Geduld, Konsequenz und Übung. Da die Fähigkeit, sich selbst zu beherrschen, beim Welpen und Junghund begrenzt ist, empfiehlt sich meist die Benutzung eines doppelten Führsystems. Der Welpe trägt z.B. in den ersten Monaten stets Brustgeschirr und Halsband. Übungen mit „Stopp & Go" und Clicks und Leckerchen werden dann üblicherweise mit der Leine am Halsband gemacht. Tritt eine Situation ein, in der man die Leinenführigkeit nicht (mehr) üben kann – z.B. weil die Geduld von Hund und Halter erschöpft ist, man es eilig hat oder die Situation so aufregend ist, dass der Junghund sich beim besten Willen nicht beherrschen kann – hakt man um ins Brustgeschirr, an dem der Hund dann in gewissen Grenzen ziehen darf. So bleibt die Konsequenz („Am Halsband wird nicht gezogen!") gewahrt, ohne den Hund zu überfordern.

Warten an Türen oder an einer willkürlichen Grenzlinie

Dies ist gleichermaßen eine Übung in Impulskontrolle für den Hund und eine Übung im „sich maßvoll Durchsetzen" für den Besitzer. Mensch und Hund nähern sich dazu gemeinsam einer Türschwelle oder einer ähnlichen, deutlich sichtbaren Begrenzung. Sobald der Hund die Linie übertreten will, sagt der Besitzer WARTE oder BLEIB und schiebt den Hund mit der Hand vor der Brust wieder zurück. Ist der Hund hinter der Linie, lässt er ihn wieder los und wiederholt diesen Vorgang wenn nötig mehrmals – so oft, bis der Welpe nicht mehr versucht, über die Schwelle zu gehen.

Dafür, dass er dahinter wartet, kann er dann wieder gelobt und eventuell belohnt werden. Ebenso kann man ihm beibringen, nicht ohne Erlaubnis aus dem Auto zu springen.

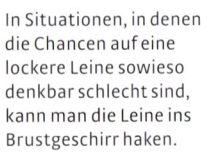

In Situationen, in denen die Chancen auf eine lockere Leine sowieso denkbar schlecht sind, kann man die Leine ins Brustgeschirr haken.

Anspringen

Da der Instinkt dem Welpen rät, am Menschen hochzuspringen, um ihn im Gesicht zu lecken, ist es ebenfalls eine Übung in Impulskontrolle, wenn er lernt, dies nicht zu tun bzw. durch andere Formen von Begrüßungsverhalten zu ersetzen. Im Welpenalter würde es eigentlich reichen, wenn alle Menschen, mit denen der Welpe Umgang hat, ihn konsequent ignorieren, wenn er anspringt.

Etwas anders ist die Lage, wenn der Welpe Fremde anspringt, da man hier nicht von jedem Passanten erwarten kann, dass er sich automatisch richtig verhält. Bei der Begrüßung von Fremden kann der Besitzer daher z.B. einen Fuß auf die Leine stellen oder diese entsprechend kurz fassen, um das Anspringen unmöglich zu machen. Diese Situation kann man in einer Welpengruppe ganz gut nachstellen, wobei der Vorteil darin liegt, dass ganz verschiedene Personen (auch Kinder) dem Hundehalter und seinem Welpen „Guten Tag" sagen oder eine Hilfsperson mit einer verlockend riechenden Tüte in der Hand vor dem Welpen stehen bleibt.

Anspringen ist ein natürliches Begrüßungsverhalten, das der Welpe sich aber abgewöhnt, wenn man ihn konsequent ignoriert, sobald er anspringt.

Betteln

Es ist natürlich möglich, dass bei so vielen Leckerchen im Training einzelne Welpen auf die Idee kommen, auch mal bei anderen Personen betteln zu gehen. Natürlich sollten sie dann nichts bekommen und sind alle wirklich konsequent, werden sie das Betteln irgendwann sein lassen. Aber die Welpengruppe mit all den Hundehaltern, die man als Hilfspersonen einspannen kann, bietet auch hier eine gute Gelegenheit, um gezielt Übungen gegen das Betteln zu machen. Dazu halten alle Hundehalter ein Leckerchen in der Hand und halten es vielleicht sogar vorbeikommenden Welpen verführerisch hin. Will der Welpe das Leckerchen nehmen, zieht die Hilfsperson es kommentarlos weg. Nur wenn der Welpe zum eigenen Besitzer geht, bekommt er von diesem ein Leckerchen. Die Übung ist sehr wirkungsvoll. Falls extrem futterneidische Welpen in der Gruppe sind, müssen Sie als Übungsleiter allerdings aufpassen, dass es nicht zu Streitereien kommt. Eventuell macht man eine solche Übung dann doch lieber an der Leine und nicht mit allen Hunden gleichzeitig, sondern übt besser in kleinen Gruppen.

„Zeigt her eure Füßchen, …"

Duldungsübungen

Duldungsübungen werden auch als sogenanntes „Handling" bezeichnet. Sie sind vor allem für die Körperpflege und bei Tierarztbesuchen wichtig. Ein Hund sollte deshalb frühzeitig lernen, sich überall anfassen zu lassen – auch von fremden Personen. Belohnt wird dabei in erster Linie das Stillhalten trotz Berührungen, denn nicht nur ein ängstlicher oder gar aggressiver Hund macht beim Handling Probleme. Auch ein Hund, der sich nur freudig kringelt und anfängt, spielerisch zu beißen, kann beim Bürsten oder Zeckenziehen äußerst anstrengend sein. Auch das so wichtige Ausgeben von Futter oder Gegenständen und das Angebunden-Warten ist etwas, was der Hund erdulden muss, auch wenn es ihm nicht besonders passt, und wird daher in diesem Abschnitt erklärt. Manche Welpen lernen solche Übungen ganz problemlos. Andere nehmen es schwer auf, in ihrer Freiheit eingeschränkt zu werden und müssen erst mühsam „gezähmt" werden. Gerade bei solchen Welpen ist das Üben aber ganz besonders wichtig. Leider ist es nicht immer ganz leicht, dies dem Besitzer zu vermitteln.

Übungen mit der Gruppe
> Sich überall anfassen lassen durch den Besitzer und Fremde.
> Den Hund in stehender oder sitzender Position festhalten.
> Bürsten und „Abtrocknen" üben.
> Den Hund auf einen Tisch setzen.
> Fieber messen simulieren.
> Tabletten schlucken.
> Halti/Maulkorb anziehen.
> Den Hund „abhärten" gegen das Greifen in Fell oder Halsband.
> Angebunden warten.
> Ausgeben von Futter / Spielzeug.

Ruhe und Geduld
Bei allen Handling-Übungen ist Ruhe und Klarheit des Besitzers gefragt. Ist dieser hektisch, zaghaft oder ungeduldig, fuchtelt er herum oder redet ununterbrochen auf den Welpen ein, werden die Übungen nicht besonders gut klappen. Wichtig ist, dass man alle Maßnahmen so dosiert, dass der Welpe sie nicht wirklich als unangenehm empfindet. Als Übungsleiter müssen Sie also gut auf Anzeichen von Angst oder Stress beim Welpen achten und sollten auch den Hundehaltern erklären, woran sie erkennen können, wenn es ihren Welpen zu viel wird.

„... zeigt her eure Ohren."

Anfassübung
Man beginnt beispielsweise mit einfachen Anfassübungen, indem man dem Welpen einfach eine Hand an die Schulter legt. Hält er still, clickt oder lobt man und belohnt ihn danach mit einem Leckerchen, aber auch, indem man nach dem Click (Lobwort) die Hand wegzieht und so das lästige Gefummel kurz unterbricht. Zappelt der Welpe herum, bleibt man ganz ruhig und versucht weiter, ihm die Hand an die Schulter zu legen und einen ruhigen Moment zum Belohnen zu finden. Will es gar nicht klappen, ist der Übungsschritt noch zu groß. Der Besitzer könnte dann versuchen, ob es an einem anderen Körperteil leichter geht oder womöglich erst mal nur die Hand neben dem Hund in die Luft halten und clicken und belohnen, wenn dieser dabei ganz ruhig bleibt.

Konsequenz
Sollte er bei Handling-Übungen mal einen Trotzanfall bekommen oder sich (z.B. beim Bürsten) spielerisch winden oder schnappen, darf der Welpe nicht gestraft oder eingeschüchtert, sondern freundlich, aber bestimmt festgehalten werden. Hat der Besitzer Probleme mit der Koordination oder ist etwas zaghaft, kann auch anfangs jemand vom Betreuerteam die Übung mit dem Welpen durchführen. Denn hierbei erzielt man oft einen Durchbruch, wenn erst einmal eine fremde Person die Übung mit dem Welpen gemacht hat.

„Tierarzt spielen"
Die Welpen auf den Tisch zu setzen dient der Vorbereitung für Besuche beim Tierarzt oder Hundefriseur. Achten Sie als Übungsleiter unbedingt darauf, dass eine rutschfeste Unterlage auf dem Tisch liegt und helfen Sie mit, damit kein Welpe zum Beispiel rückwärts geht und dabei herunterfällt. Vor allem soll der Welpe positive Erfahrungen mit der Situation machen. Ist er unsicher, bekommt er auf dem Tisch erst einmal nur ein paar Leckerchen und wird etwas gestreichelt. Bleibt er unbeeindruckt, können einige der Handling-Übungen auf dem Tisch vorgenommen werden. Die Übung ist auch eine gute Gelegenheit, den Besitzern zu zeigen, wie sie ihren Welpen richtig hochheben (nämlich auf keinen Fall unter den Achseln wie ein Kleinkind, sondern indem die zweite Hand das Hinterteil unterstützt).

Das Üben des Tauschens sollte man nicht übertreiben: Sie würden sicher auch grantig, wenn man Ihnen beim Essen dauernd den Teller wegzieht.

Fiebermessen und Tablettengabe
Beim Fiebermessen geht es eher darum, dass der Welpe es kennenlernt, im Stehen festgehalten zu werden, und dass man dabei auch mal seine Rute anhebt und ihn hintenherum berührt. Zum Tablettenschlucken geht der Besitzer in die Hocke, nimmt seinen Welpen vor die Beine, öffnet ihm mit sanftem Zwang das Schnäuzchen und legt ihm ein Leckerchen auf die Zunge. Die Welpen finden dies anfangs natürlich etwas unangenehm, aber da es nur kurz währt und mit etwas Erfreulichem endet, gewöhnen sie sich schnell an die merkwürdige Prozedur.

Halti und Maulkorb
Beim Überziehen von Halti oder Maulkorb haben Sie als Leiter Gelegenheit zu erklären, dass es z.B. in Bus und Bahn oder im Ausland vorkommen kann, dass auch ein lieber Hund einen Maulkorb tragen muss und wofür ein Halti gut ist. Für das Üben mit den Welpen reicht es, dem Besitzer die Handhabung zu zeigen und die Welpen mit ein paar Leckerchen dazu zu bringen, die Nase in die Öffnung zu stecken, um eine positive Verknüpfung herzustellen.

Weitere Duldungsübungen
Viele Welpen empfinden es als unangenehm, wenn eine Hand nach ihnen greift, weil dies bedrohlich wirken kann und oft das Ende der Freiheit bedeutet. Es kann aber Situationen geben, wo jemand rasch nach dem Hund fassen muss – vielleicht um ihn davor zu bewahren, auf die Straße zu laufen. Oder ein Kind greift überraschend von hinten ins Hundefell. Damit der Vierbeiner dann nicht zu Tode erschrickt oder womöglich noch herumfährt und schnappt, können Sie folgende Übung machen: In einer Freispielphase „bewaffnen" sich alle Welpenbesitzer mit einem Leckerchen. Nun greifen sie mit der einen Hand nach einem beliebigen, gerade vorbeilaufenden Welpen, packen ihn kurz am Halsband oder Geschirr oder fassen leicht in sein Fell, geben ihm mit der anderen Hand das Leckerchen und lassen sofort wieder los. Besonders behutsames Vorgehen ist natürlich wieder bei ängstlichen Welpen geboten, die oft besser von der allgemeinen Übung ausgenommen werden. Jemand vom Betreuerteam kann in angemessener Weise mit dem scheuen Welpen üben.

Duldungsübungen

Anbindeübung

Bei der Anbindeübung bindet der Besitzer seinen Welpen an und entfernt sich ein paar Schritte. Zerrt der Welpe an der Leine, bellt oder jault, ignoriert der Besitzer ihn. Wartet er ruhig, clickt er, geht zurück und gibt ihm ein Leckerchen. Falls ein Welpe „hysterisch" reagiert, übt man dies zuerst nur auf ganz kurze Distanz (der Besitzer steht einen Meter vom Hund entfernt und wirft ihm ggf. Leckerchen zu).

Tauschen

Das Ausgeben kann über Tauschen geübt werden. Der Welpe ist angeleint und bekommt z.B. einen Kauknochen. Der Besitzer hat ein paar ganz besonders attraktive Leckerchen. Nun sagt er zuerst GIB HER, nähert sich danach dem Welpen und bietet ihm die Leckerchen an. Besonders wenn der Welpe bereits Vorbehalte dagegen hat, etwas herzugeben, geht es anfangs gar nicht darum, ihm den Kauknochen wirklich wegzunehmen. Er soll zuerst „nur" verknüpfen, dass die Annäherung eines Menschen in dieser Situation etwas Gutes bedeutet. Falls die Annäherung einer Hand bereits sehr negativ verknüpft ist, kann man ihm die Leckerchen anfangs zuwerfen.

Umweltgewöhnung

Manche Welpenbesitzer neigen aus übertriebenem Ehrgeiz oder weil sie ihren Welpen überschätzen, dazu, ihn zu überfordern. Beaufsichtigen Sie die Gerätearbeit daher gut und machen Sie sich und Ihren Teilnehmern immer wieder klar, dass es nicht darauf ankommt, dass der Welpe ein Hindernis um jeden Preis überwindet, sondern dass er dabei ermutigende und positive Erfahrungen macht.

Grundsätzlich sollte der Welpe langsam über Stege, Wippen oder Bodenhindernisse (siehe S. 26 ff.) geführt werden und der Besitzer immer auf seiner Höhe mitgehen. Wenn er den Hund mit einem Leckerchen lockt, muss dies dicht über dem Hindernis gehalten werden, damit der Welpe sieht, wo er hintritt. Falls ein Welpe bei Geräteübungen Angst hat, darf er auf keinen Fall gezwungen werden. Stattdessen gestaltet man das Hindernis einfacher (Tunnel zusammenschieben, Steg weniger steil machen, Vorhang etwas anheben usw.) und verstärkt bereits Ansätze zum gewünschten Verhalten (z.B. wenn er auch nur eine Pfote auf oder in das Hindernis setzt) mit herzlichem Lob (oder Click) und Leckerchen.

Wird bei den Geräten ein Leckerchen zum Locken verwendet, muss es wie hier dicht über dem Hindernis bewegt werden, damit der Welpe sieht, wo er hintritt.

Treten öfter Gespenster in der Welpengruppe auf, kann man damit bald keinen mehr ins Bockshorn jagen.

Optische und akustische Reize

Optische Reize: Tücher schwenken; Schirm aufspannen; Fahnen; Windräder; verkleidete Personen; Personen mit Stock, im Rollstuhl oder welche, die sich merkwürdig bewegen; lebensgroße Tierfiguren aus Kunststoff; großer Ball; Luftballons; Spiegel usw.

Akustische Reize: Brettchen oder Topfdeckel zusammenschlagen; in die Hände klatschen; rasseln, tröten, klappern, tuten; Spielzeugpistole mit Platzpatronen; Instrumente; rascheln; Kassettenrecorder mit Geräusch-CDs; mit Luftballons spielen lassen, bis sie platzen (Vorsicht: Reste des Ballons schnell einsammeln); Kinderspielzeug wie z.B. ein Auto, das „Tatütata" macht; Sylvester spielen mit Knallerbsen, Tischfeuerwerk und Wunderkerzen usw.

Intensität langsam steigern
Fangen Sie immer mit einer geringen Intensität an und beobachten Sie alle Welpen gut auf Anzeichen von Angst oder Stress, ehe Sie den Reiz verstärken. Scheint ein Welpe z.B. bei einem bestimmten Geräusch etwas ängstlich, weisen Sie den Besitzer an, ihm kommentarlos ein Leckerchen anzubieten, um eine positive gefühlsmäßige Verknüpfung mit dem Ereignis herzustellen.

Furcht vor bestimmten Gegenständen
Erschrickt der Welpe z.B. vor einer verkleideten Person, geht der Besitzer in die Hocke und nimmt den Welpen vor oder neben sich, tröstet ihn aber nicht. Die verkleidete Person sollte sich dann ggf. „entblättern" und freundlichen Kontakt zum Hund aufnehmen, damit der Welpe merkt, dass keine Gefahr von ihr ausgeht. Eventuell kann sie auch ein paar Leckerchen verstreuen.

Scheut der Welpe vor einer Figur, einem Spiegel oder Ähnlichem, sollten die Menschen erst einmal abwarten. Oft ist die Neugier stärker und der Welpe erkundet dann doch noch vorsichtig das Objekt. Dafür wird er natürlich gelobt! Der Besitzer kann auch schauspielern, und als „Leithund" das Objekt erkunden.

Sitz, Platz, Bleib

Die üblichen Grundsignale (SITZ, PLATZ, evtl. STEH und BLEIB) sind letztlich nicht so wichtig wie die anderen Basisfähigkeiten. Man kann in der Welpengruppe die Grundlagen üben, sollte aber aufpassen, dass besonders beim Üben von BLEIB kein übertriebener Ehrgeiz des Hundehalters aufkommt.

Übungen mit der Gruppe
› Grundlagen von SITZ und PLATZ, eventuell auch STEH
› Grundlagen von BLEIB
› Deckenübung

Die drei Positionen
Zuerst wird jeweils ohne Hörzeichen geübt, wie man den Welpen mithilfe eines Leckerchen in die jeweilige Position locken kann. Besonders fürs PLATZ muss man bei vielen Welpen zuerst etwas herumprobieren, bis es klappt. Wichtig ist, das Leckerchen senkrecht nach unten zu bewegen. Mag der Welpe sich gar nicht gern hinlegen, belohnt man ihn notfalls anfangs einige Male für Halbheiten (halb herunter gehen).

Sobald der Welpe in die gewünschte Position geht: clicken (loben) und das Leckerchen geben. Erst wenn das Locken problemlos klappt, kommt das Hörzeichen dazu. Es wird jeweils ein einziges Mal ausgesprochen, ehe die Lockbewegung einsetzt. Der nächste Übungsschritt besteht dann darin, die Lockbewegung mit der leeren Hand zu machen und den Welpen nach dem Click aus der Tasche oder der anderen Hand zu belohnen.

In der Position bleiben
Hierfür gibt es zwei Möglichkeiten. Einerseits kann man einfach den Zeitpunkt des Clicks sekundenweise herauszögern: Der Welpe muss länger in der Position bleiben, bis er belohnt wird. Dieses Vorgehen funktioniert beim SITZ meist problemlos. Andererseits kann man den Welpen in der betreffenden Position „festfüttern", was sich für das PLATZ oder STEH anfangs meist besser bewährt. Man hält dazu den Clicker in der einen und einige Leckerchen in der anderen Hand bereit. Ist der Welpe in der richtigen Position, clickt und füttert man einige Male so schnell hintereinander, dass er gar nicht dazu kommt, die Position wieder zu verlassen. Beim PLATZ legt man die Leckerchen außerdem am besten vor dem Hund auf den Boden, statt sie aus der Hand zu füttern. So bleibt er leichter unten, wenn man sich bei weiteren Übungen selbst auch mal aufrichtet. Verlässt der Hund dennoch die Position, hört man natürlich sofort auf zu belohnen. Das „Festfüttern" braucht man gewöhnlich nur einige Male zu machen. Dann kann man anfangen, die Abstände zwischen den Belohnungen wieder auszudehnen.

Beim BLEIB sollte der Hund das Leckerchen möglichst bekommen, während er noch in der gewünschten Position ist.

Mit einer kleinen Geste macht Sylvia „Leni" auf die Decke aufmerksam. Sobald „Leni" die Decke betritt, clickt Sylvia ...

Deckenübung

Für die Deckenübung legt der Besitzer zu Beginn der Übung die Decke hin. Dies erweckt meist die Neugier des Hundes, der daraufhin zur Decke geht, um sie zu beschnuppern. Der Besitzer belohnt den Hund nun jedes Mal mit Click (Lob) und Leckerchen dafür, dass er – zunächst noch zufällig – auf die Decke tritt. Man kann auch anfangs mit dem Welpen um die Decke herumschlendern, um dem Zufall etwas auf die Sprünge zu helfen. Es beschleunigt den Lernprozess, wenn man das Leckerchen nach dem Click auf die Decke wirft, da es den Hund dazu verführt, immer mal wieder zur Decke zu gehen, um darauf herumzusuchen. Allmählich steuert der Welpe die Decke bewusst und in der Hoffnung auf eine Belohnung an. Man kann dann ein Hörzeichen (z.B. GEH AUF DEINE DECKE) einführen. Die Zeiten bis zum Click werden schließlich ausgedehnt und man clickt z.B. nur noch, wenn der Welpe ein paar Sekunden auf der Decke bleibt oder sich auf die Decke legt. Die meisten Welpen lernen diese nützliche Übung schnell.

Clickertraining

In diesem Buch ist oft vom Clicker die Rede. Doch was ist das überhaupt? Ein Clicker ist eine Art stabiler Knackfrosch, mit dem man durch Daumendruck ein einprägsames, kurzes Geräusch erzeugen kann. Dieses Geräusch benutzt man in der Hundeausbildung mit großem Erfolg als Signal, das eine Belohnung ankündigt. Ebenso wie ein Los mit der Aufschrift „Gewinn" bedeutet: „Du hast gewonnen und kannst dir jetzt einen Preis abholen", bedeutet das „Click" des Clickers für den Hund: „Das, was du jetzt gerade machst, ist genau richtig und gleich bekommst du dafür ein Leckerchen."

Vorteile des Clickers

Eine wichtige Regel des Lernverhaltens besagt, dass Hunde Verhaltensweisen, die man belohnt, mit der Zeit immer öfter ausführen. Hunde können also Belohnungen mit ihrem Verhalten gedächtnismäßig verknüpfen. Das klappt aber nur, wenn die Belohnung praktisch zeitgleich mit dem Verhalten erfolgt, d.h. innerhalb von 0,5 bis einer

Sekunde nach der „lobenswerten Tat". Der Hundekeks nach dem Spaziergang ist z.B. als gezielte Belohnung dafür, dass der Hund heute nicht an der Leine gezogen hat, sinnlos – er kommt einfach zu spät, als dass der Hund eine Verbindung zwischen der Belohnung und seinem Verhalten herstellen könnte.

Belohnung meist unmöglich

Oft ist es praktisch unmöglich, dem Hund eine Belohnung genau im richtigen Augenblick zu geben. Zum Beispiel kann man ihm kein Leckerchen geben, während er über eine Hürde springt. Und sogar beim Kommen auf Ruf ist die Botschaft eher unpräzise: Wichtig ist ja vor allem, den Hund dafür zu belohnen, dass er auf Ihr Rufen reagiert und sich z.B. aus dem Schnuppern heraus zu Ihnen umwendet. Bekommt er ein Leckerchen, wenn er bei Ihnen angekommen ist, belohnen Sie damit aber streng genommen schon nicht mehr das Umdrehen und die ersten Schritte in Ihre Richtung, sondern „nur noch" das Kommen auf dem letzten Meter (oder gar das Anspringen, das vor dem Leckerchen erfolgt ist ...).

Lob zur richtigen Zeit

Mit dem Clicker kann man dem Hund nun genau mitteilen, dass er sich richtig verhalten hat, noch bevor man ihm eine Belohnung tatsächlich geben kann. Das Clickgeräusch markiert sozusagen im Gehirn des Hundes das Verhalten, das er gerade zeigt, während er das Click hört. Man kann z.B. clicken, während er springt oder sobald er auf den Ruf reagiert und dann hinterher das Leckerchen geben. Das ist ein sehr großer Vorteil bei der Grunderziehung und beim weiterführenden Training und beschleunigt das Lernen enorm. Ein weiterer Vorteil ist, dass der Hund nicht mehr so auf die Leckerchen (oder das Spielzeug) selbst fixiert ist, wenn man einen Clicker benutzt. Er bettelt nicht mehr oder stupst nicht mehr dauernd an die Tasche, sondern versucht stattdessen, etwas zu tun, wofür geclickt wird.

... und bringt „Leni" das Leckerchen. Später gibt es nur noch Clicks und Leckerchen, wenn „Leni" länger auf der Decke bleibt und es sich dort bequem macht.

So übertrieben muss man den Clicker normalerweise nicht halten. Am besten benutzt man ihn eher unauffällig.

Eindeutige Verständigung

Warum ist es besser, einen Clicker zu benutzen, als mit der Stimme zu loben? Der Hund hat es manchmal schwer, aus den vielen Worten, die man im Umgang mit ihm meist benutzt, die wirklich wichtigen Worte herauszuhören. Besser ist daher ein ganz besonderes, eindeutiges und anfangs ganz neutrales Geräusch wie das Click. Es ist außerdem auch kürzer als z.B. ein Wort und man kann den Daumen schneller bewegen, als man ein Wort aussprechen kann. Ausführliche Praxistests haben überdies ergeben, dass das „Click" des Clickers sich ganz besonders als „Markierungsgeräusch" eignet, da dieses Geräusch vom Gehirn offenbar besonders schnell aufgenommen wird. Dies beschleunigt das Lernen und erhöht die Motivation. Daher lohnt es sich unbedingt, einen Versuch mit dem Clicker zu machen, auch wenn es ungewohnt ist.

Hilfsmittel in der Ausbildung
Natürlich kann man einen Hund auch ohne Clicker erziehen und ausbilden – nur geht es mit Clicker eben deutlich besser. Zudem ist der Clicker nur ein Ausbildungshilfsmittel. Hat der Hund eine Übung begriffen oder gelernt, wie er sich in einer bestimmten Situation verhalten soll, brauchen Sie dafür den Clicker nicht mehr. Man sollte sich auch nicht vom Clicker abhängig machen und kann natürlich auch ein „Clicker-Wort" zum Ankündigen von Belohnungen benutzen, entweder statt des Clickers oder zusätzlich zum Clicker, falls man den einmal nicht dabei hat oder ihn aus irgendwelchen Gründen gerade nicht benutzen möchte. Es sollte ein besonderes und eher kurzes Wort sein, das man im alltäglichen Umgang mit dem Hund sonst nicht benutzt (z.B. TICK). Das Wort sollte immer gleich und mit einer besonderen Betonung oder Tonlage ausgesprochen werden, damit der Hund es gut erkennen kann.

Konditionierung auf den Clicker
Um Ihrem Hund die Bedeutung des Clicks beizubringen, nehmen Sie ein paar besonders schmackhafte Leckerchen und gehen Sie mit ihm an einen ruhigen Ort. Behalten Sie ihn dicht bei sich (ggf. an der Leine). Nun clicken Sie – egal was der Hund gerade tut – ab und zu und geben ihm jedes Mal sofort danach ein Leckerchen, egal ob er sich danach zu Ihnen umgedreht hat oder nicht. Vorsicht: geben Sie ihm außer dem Click kein anderes Zeichen, dass ein Leckerchen kommt. (Wenn Sie z.B. zuerst in die Tasche oder die Leckerchendose fassen, weiß er sowieso schon, dass er jetzt etwas bekommt und wird das Click vermutlich gar nicht richtig beachten.) Sollte er bettelnd vor Ihnen sitzen, gehen Sie ein wenig herum und clicken im Gehen. Nach etwa fünf bis zehn Abfolgen von Click und Leckerchen clicken Sie einmal zur Probe in einem Moment, in dem Ihr Hund gerade wegguckt. Greifen Sie danach nicht sofort nach dem Leckerchen, sondern warten Sie ab, was passiert. Wenn er Sie erwartungsvoll anschaut oder gar herankommt, um sich sein „versprochenes" Leckerchen abzuholen, wissen Sie, dass er die Bedeutung des Clicks begriffen hat. Sie können nun damit arbeiten.

Info Clicker-Regeln

1. Nach jedem Click gibt es eine „handfeste" Belohnung (Leckerchen, Spiel, schnuppern dürfen), sonst hat der Click bald nicht mehr die gleiche, begeisternde Wirkung auf den Hund.

2. Wenn Sie clicken, wird Ihr Hund normalerweise seine Tätigkeit unterbrechen, um sich die Belohnung abzuholen. Er springt z.B. aus dem SITZ auf. Das macht nichts, denn Click bedeutet auch: „Übung ist zu Ende!". Geben Sie ihm also seine Belohnung trotzdem.

3. Clicken Sie nie, nur damit Ihr Hund Sie anschaut oder kommt. Denn durch das Click belohnen Sie den Hund für das, was er gerade tut, während er es hört – also hier z.B. für seine Unaufmerksamkeit.

4. Arbeiten Sie mit dem Clicker, sollten Sie erst nach dem Clicken nach den Leckerchen (oder der anderen Belohnung) greifen. Ihr Hund achtet sonst weniger auf das Click, sondern mehr darauf, ob Sie Leckerchen in der Hand haben oder in die Tasche greifen.

Der Welpe kommt ins Haus

Die passende Welpengruppe

Die ersten Wochen oder besser Monate mit einem Welpen sind ziemlich anstrengend, denn man ist eigentlich ununterbrochen mit seiner Erziehung beschäftigt – es sei denn, er schläft. Das Fordern und Fördern eines jungen Hundes macht aber auch viel Freude und jede Minute, die Sie jetzt hineinstecken, ist wie Geld auf der Bank für die nächsten hoffentlich langen Jahre des Zusammenlebens.

Am besten schauen Sie sich frühzeitig nach der richtigen Welpengruppe um. Adressen bekommen Sie z.B. bei Tierärzten oder indem Sie andere Hundehalter ansprechen. Auch übers Internet oder Verbände können Sie Informationen über Welpengruppen in Ihrer Nähe bekommen und vielleicht kann Ihnen sogar der Züchter Ihres Hundes einen Tipp geben.

Vergleiche lohnen sich

Für welche Gruppe sollten Sie sich entscheiden? Manchmal habe ich Interessenten am Telefon, die offensichtlich systematisch eine Liste mit Fragen abarbeiten, z.B. wie viele Hunde teilnehmen. Sind es dann nicht die „vorgeschriebenen" sechs oder sieben, sondern vielleicht acht oder neun, spürt man förmlich, wie am anderen Ende der Leitung die Jalousie runtergeht. Ganz so einfach ist es aber nicht, da es viele Möglichkeiten gibt, eine Welpengruppe gut zu führen. Und selbst wenn äußerlich alles perfekt ist – es muss auch die „Chemie" zwischen Trainer und Teilnehmer einigermaßen stimmen, damit man sich in einer Gruppe wohlfühlt.

„Wir freuen uns schon auf die Einschulung!"

Außerdem können Sie auch eine Welpengruppe für sich und Ihren Hund nutzen, in der Ihnen manches nicht ganz so gut gefällt, falls Gründe wie z.B. kurze Anfahrtswege oder günstige Termine dafür sprechen und die kleinen „Mängel" keine negativen Auswirkungen auf Ihren Hund haben. Alles in allem sollten Sie aber für die wichtigsten Wochen im Leben Ihres Welpen ein paar zusätzliche Stunden, Kilometer oder Euros nicht scheuen. Am besten sehen Sie sich schon vor dem Einzug Ihres Welpen ein paar Welpengruppen an und machen sich selber ein Bild. Sonst vergeht nach Ankunft des Welpen vielleicht wertvolle Zeit mit der Suche oder einigen „Fehlversuchen" in unpassenden Gruppen, was schade wäre. Wird das nicht gern gesehen, wäre allein das schon ein Anlass für Misstrauen.

Negativliste
Statt der üblichen Liste mit Kriterien für eine gute Welpengruppe hier also lieber eine Negativliste. Ich persönlich würde mit meinem Hund nicht zu einer Welpengruppe gehen, in der

> nach dem Motto „Die regeln das alleine!" auch dann nicht eingegriffen wird, wenn Welpen untergebuttert und geängstigt werden oder ungebremst Aggressionen an anderen austoben.
> der Leiter dadurch regulierend eingreift, dass er Welpen bestraft (anschreit, auf den Rücken wirft, im Nacken schüttelt oder Ähnliches) oder die Besitzer auffordert, das zu tun.
> die Besitzer gar nicht mit ins Spielgehege dürfen.
> man mich dazu bringen will, meinem ängstlichen Welpen jegliche Rückendeckung zu entziehen.

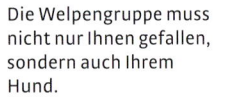

Die Welpengruppe muss nicht nur Ihnen gefallen, sondern auch Ihrem Hund.

- jedes Spiel oder jeder Sozialkontakt grundsätzlich sofort unterbrochen wird, sobald es auch nur im Geringsten etwas wilder oder lauter wird.
- mir die Erziehungsmethoden überhaupt nicht gefallen (z.B. mit Zwang oder Leinenruck gearbeitet wird oder Leckerchen als Belohnung geächtet werden).
- nach dem Motto „Da müssen die durch!" Duldungsübungen wie z.B. Pflegehandlungen oder Auf-den-Rücken-Drehen mit starkem Zwang oder Gewalt durchgesetzt werden.
- „exerziert" wird und der Sozialkontakt der Hunde nebensächlich ist.

Falls in der Gruppe nur Hunde einer bestimmten Rasse sind, würde ich zur Ergänzung möglichst noch ab und zu eine gemischtrassige Welpengruppe besuchen.

Die ersten Tage mit dem Welpen

Nachdem Sie Ihren Welpen vom Züchter oder seinem früheren Zuhause abgeholt haben, stürmen schon genug neue Eindrücke auf ihn ein. Zudem muss er ja auch erst einmal eine gewisse Bindung zu Ihnen aufbauen können. Sie sollten daher frühestens nach ca. fünf Tagen mit ihm zu einer Welpengruppe gehen. Warten Sie aber auch nicht wesentlich länger, denn die so wichtige Sozialisierungsphase ist schnell vorbei (siehe S. 10).

Zu viel Stress vermeiden

Da der Besuch einer Welpengruppe schon für sich eine aufregende und mehr oder weniger stressige Sache ist, sollte Ihr Welpe zuvor bereits an Halsband und ans Autofahren gewöhnt sein. Sonst ist es vielleicht ein bisschen viel auf einmal für ihn. Engagierte und umsichtige Züchter machen ihre Welpen bereits vor dem Abholtag damit vertraut. Sonst beginnen Sie damit so früh wie möglich, also etwa ein bis zwei Tage nach dem Abholen.

Gewöhnung ans Autofahren

Vielleicht hat die Fahrt vom Züchter ins neue Heim auch schon gereicht, um Ihren Welpen ans Autofahren zu gewöhnen. Andernfalls setzen Sie ihn einige Male ins Auto und geben ihm ein paar Leckerchen. Dann machen Sie dasselbe, starten dabei aber den Motor. Schließlich fahren Sie ein kurzes Stück, vielleicht anfangs nur ein paar Meter, dann einmal um den Block, dann ein oder zwei Minuten. Bei den ersten Fahrten würde ich einen Welpen noch – der Sicherheit wegen kurz angebunden oder in einer Transportbox – im Fußraum vor dem Beifahrersitz unterbringen, damit ich sehen kann, wie es ihm geht und er sich nicht zusätzlich zu all den neuen Erfahrungen auch noch verlassen fühlt. Später kann er dann in eine Hundebox im Heck oder (mit Sicherheitsgurt) auf den Rücksitz des Wagens umsiedeln.

> **Info | Lernen zu jeder Zeit**
>
> Der Besuch einer Welpengruppe, egal wie gut sie geführt ist, reicht nicht aus, um Ihren Welpen zu sozialisieren und an Umwelteinflüsse zu gewöhnen. Zum einen braucht sein Gehirn zum Gedeihen öfter als nur einmal in der Woche neue Eindrücke. Zum anderen lernen Hunde immer orts- und situationsbezogen. Ihr Hund könnte daher womöglich alles problemlos akzeptieren, was ihm in der Welpengruppe geboten wird, aber außerhalb trotzdem unsicher sein.

Die Umwelt entdecken

Es gibt viel zu tun

Erfahrungen sammeln

Die ersten Wochen im Leben eines Hundes sind entscheidend für seine weitere Entwicklung. Der kleine Welpe soll die Welt mit allen Sinnen entdecken, doch nicht alles an einem Tag. Nehmen Sie sich für jeden Tag etwas vor – es genügen meist schon zehn Minuten. Zeigen Sie ihm behutsam seine neue Umwelt und unterstützen Sie ihn bei seinen Entdeckungen.

Ab ins Auto

Eine Fahrt ins Grüne

Kleine Fahrten ins Grüne gewöhnen den Welpen langsam ans Autofahren. Gewöhnen Sie ihn an eine Box, die ihm auch im Auto Sicherheit gibt. Fahren Sie langsam – Ihr Welpe soll sich nicht wie in einer Achterbahn fühlen. Verbinden Sie die Autofahrten mit kleinen Ausflügen, die Ihrem Welpen Spaß machen. Bald wird er in freudiger Erwartung zum Auto laufen, da er weiß, dass dieses Gefährt ihn zu spannenden Abenteuern bringt.

Auf Feld und Wiese

Über Stock und über Stein

Ein Hund möchte laufen, doch mit einem Welpen sollten Sie eher noch trödeln. Gehen Sie mit ihm auf eine Wiese, lassen Sie ihn die Mauselöcher untersuchen und an den Gänseblümchen schnüffeln. Auch ein Blatt oder einen Ast darf er mit seinen Zähnchen bearbeiten. Spielen Sie mit ihm und verstecken Sie sich auch einmal hinter einem Gebüsch, so dass Ihr Welpe Sie suchen muss.

Am Wasser

Mit allen Pfoten im Nass

Hunde können prinzipiell zwar schwimmen, doch sie müssen erst lernen, dass sie es können. Dabei gibt es wie bei uns Menschen die Furchtlosen und die etwas Zaghaften. Haben Sie Geduld und gehen Sie mutig voran. Probieren Sie es immer wieder, bis Ihnen Ihr Welpe folgt. Ist er nicht ganz wasserscheu, wird er den Sprung eines Tages wagen. Überlegen Sie aber auch, ob Sie ihn wirklich auf den Geschmack bringen wollen.

In der Stadt

Augen zu und durch

Bahnhof, Straßenbahn, Fußgängerunterführung, Marktplatz – in der Stadt gibt es viel zu entdecken. Hier strömen die unterschiedlichsten Gerüche auf Ihren Welpen ein und auch die Geräuschkulisse hat einiges zu bieten. Gewöhnen Sie ihn langsam an die Reize, nehmen Sie ihn auf den Arm, falls er sich ängstigen sollte, zeigen Sie ihm, dass die Stadt etwas ganz Normales ist.

Kontakt mit Hunden

Von Riesen und Zwergen

Bis jetzt hat Ihr Welpe wahrscheinlich nur seine Mutter und seine Geschwister kennengelernt. Vielleicht auch noch eine Tante oder einen Onkel.

Auf Ihren Trödelspaziergängen begegnen Sie nun sicher auch anderen Hunden. Wählen Sie die Bekanntschaften gut aus – nicht jeder Hund ist verträglich mit Artgenossen. Lassen Sie ihn nur mit den Hunden spielen, bei denen Sie sich sicher sein können, dass er das Spiel auch genießt und nicht nur untergebuttert wird. Vielleicht können Sie sich auch hin und wieder mit einer Bekanntschaft aus der Welpengruppe zum gemeinsamen Spiel treffen.

Nach der Welpengruppe gibt es noch was zu Fressen, und dann ist ganz gewiss erst einmal ein Schläfchen fällig.

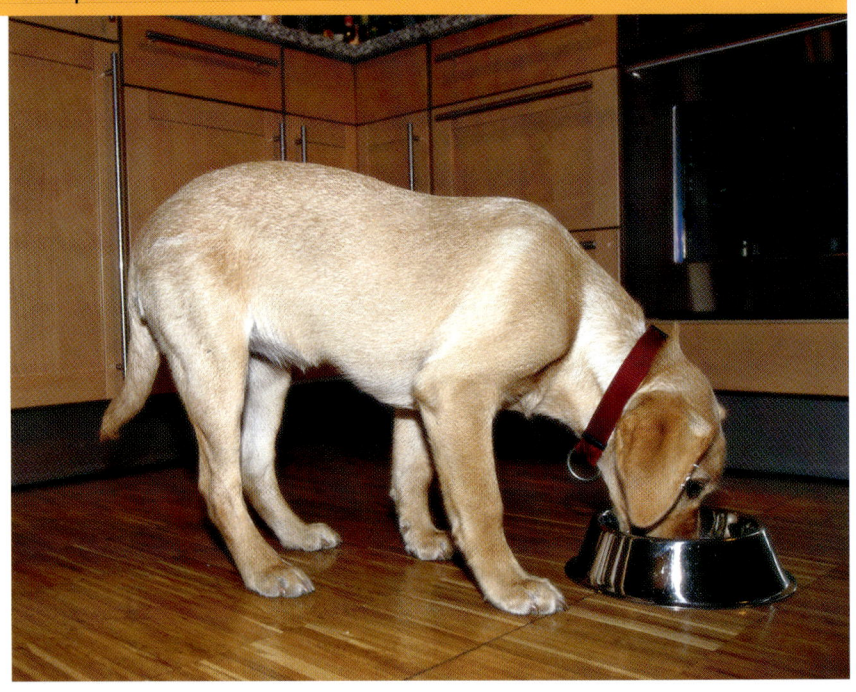

Gewöhnung an Halsband und Leine
Zur Leinengewöhnung legen Sie Ihrem Welpen ein leichtes Halsband oder besser noch ein Brustgeschirr so eng um, dass er es nicht abstreifen kann und lassen Sie ihn einfach damit laufen. Vermutlich wird er eine Weile herumkugeln oder sich kratzen, aber nach spätestens einer Stunde hat er sich daran gewöhnt. Im nächsten Schritt befestigen Sie eine leichte Leine daran und lassen diese zuerst entweder nachschleifen oder halten sie in der Hand und folgen Ihrem Welpen, so dass er kaum bemerkt, dass er angeleint ist. Hat er sich auch daran gewöhnt, begrenzen Sie seine Bewegungsfreiheit gelegentlich behutsam über die Leine. Gibt er nach, loben Sie sofort durch freundliche Worte und das Lockern der Leine und belohnen ihn evtl. mit einem Leckerchen oder indem Sie in die Hocke gehen, ihn heranlocken und streicheln. Bekommt Ihr Welpe einen Trotzanfall, was durchaus sein kann, und tobt entsetzt an der Leine herum, bleiben Sie ganz ruhig, gehen einladend in die Hocke und halten die Leine einfach fest. Ihr Welpe wird relativ schnell einsehen, dass Gegenwehr nichts nützt und sich beruhigen. Gibt er nach oder kommt zu Ihnen, belohnen Sie ihn wie hier beschrieben.

Mit vollem Bauch spielt sich's schlecht

Lassen Sie Ihren Welpen lieber nicht in vollgefressenem Zustand in die Welpengruppe. Falls nach seinem Futterplan eine Mahlzeit später als ca. zwei Stunden vor Beginn fällig ist, geben Sie ihm nur eine ganz kleine Portion und bei der nächsten Mahlzeit etwas mehr. Rüsten Sie sich stattdessen mit einigen kleinen und sehr schmackhaften Leckerchen aus, z.B. mit Käsestückchen oder Bröckchen von handelsüblichen weichen Leckerchen in Streifenform. Das gewöhnliche Trockenfutter ist in all dem Trubel meistens nicht interessant genug. Falls Ihr Welpe viele Leckerchen bekommen hat, darf dafür die nächste Mahlzeit etwas knapper ausfallen.

Gut gerüstet

Neben Leckerchen brauchen Sie beim ersten Mal den Impfpass Ihres Hundes, Leine und Brustgeschirr oder Halsband und bei Regenwetter ein Handtuch, um Ihren Dreckspatz nach dem Spielen abrubbeln zu können. Ein Plastiktütchen für eventuelle Hinterlassenschaften gehört ebenfalls zur Ausrüstung. Auch wenn in der Welpengruppe meist etwas Entsprechendes zur Verfügung steht, könnte es ja auch sein, dass auf dem Weg dahin „etwas" passiert. Falls Ihr Welpe noch nicht ganz „autofest" ist, runden eine Rolle Küchenkrepp, eine Mülltüte und einige weitere Handtücher die Ausrüstung ab. Sie selbst brauchen warme und wetterfeste Kleidung und festes Schuhwerk oder Gummistiefel, da Welpenwiesen vor allem im Winterhalbjahr oder nach Regenfällen meist sehr matschig sind.

Mehr Zeit als nötig

Planen Sie genug Zeit für den Weg vom Parkplatz zur Welpenwiese ein. Wenn Ihr Welpe noch sehr jung ist, kann es sein, dass er von all den neuen Eindrücken, die hier auf ihn einströmen, überwältigt wird und sozusagen blockiert. Selbstverständlich dürfen Sie ihn dann tragen.

Nach ein paar Besuchen in der Welpengruppe wird Ihr Welpe vermutlich furchtbar an der Leine ziehen, weil er es gar nicht mehr erwarten kann, die anderen Welpen zu treffen. Dann sollten Sie sich unbedingt die Zeit nehmen, mit ihm das ordentliche Gehen an der Leine zu üben. Obwohl ihm dies natürlich in dieser Situation richtig schwerfällt, ist doch gerade dadurch ein großer Lerneffekt zu verzeichnen, so dass sich der Einsatz und die Geduld auf jeden Fall lohnt.

Bequeme wetterfeste Kleidung und gutes Schuhwerk sind die beste Ausrüstung für den Besitzer.

Hier demonstrieren „Aramis" und „Enzo", welche katastrophalen Auswirkungen das Spiel an der Leine hat.

Spiel an der Leine

Zwar drücke ich bei neuen Teilnehmern ein Auge zu, aber gern sehe ich es als Leiter nicht, wenn die Welpen auf dem Weg zur Welpenwiese oder beim Warten vorm Tor an der Leine aufeinander zu ziehen dürfen und ihre Besitzer sie an der Leine spielen lassen. Erstens untergräbt es die Erziehung zur Leinenführigkeit. Der Welpe lernt: Wenn ich aufgeregt bin und Hunde in der Nähe sind, gelten die üblichen Regeln nicht mehr. Zweitens kann es zu unschönen Verwicklungen kommen. Und drittens bekommt der zerrende Welpe schlecht Luft und ist dadurch gestresst. Und wenn er schräg in der Leine hängt, ist seine Körpersprache völlig verzerrt und er kann das normale Begrüßungs- und Beschwichtigungsverhalten nicht mehr zeigen. All das kann schleichend zur sogenannten Leinenaggression führen.

Halten Sie Ihren Welpen besser ganz von den anderen Hunden fern, solange er an der Leine ist (das bedarf gewöhnlich anfangs ca. zwei Meter Abstand) oder – wenn ein Kontakt doch erwünscht oder überhaupt nicht zu vermeiden ist – lassen Sie die Leine dann wenigstens ganz locker, so dass eine Kommunikation möglich ist.

Es geht los – das erste Mal in der Welpengruppe

Versuchen Sie nicht überängstlich zu sein. Welpen sind nicht so zerbrechlich, wie sie scheinen und nicht gleich traumatisiert, wenn sie einmal umgerannt werden, nach einem Kämpfchen unten liegen oder aufquietschen, weil der Spielpartner zu fest zugepackt hat. Welpen und Junghunde spielen nun mal am Liebsten entweder „Kampf" oder „Jagd", aber sie verletzen sich untereinander praktisch nie und beißen sich auch nicht ernsthaft. (Ein gewisses Risiko von „Sportverletzungen" bleibt natürlich, aber das Leben ist nun mal gefährlich.) Falls Sie sich Sorgen machen, dass Ihr Welpe in der Gruppe unter die Räder kommt, sprechen Sie ruhig den Gruppenleiter (eventuell unter vier Augen) darauf an. Auch der beste Trainer kann einfach nicht alle gleichzeitig im Auge haben. Ein seriöser Trainer wird Ihre Besorgnis ernst nehmen, genauer hingucken und eventuell eher eingreifen, wenn es gerechtfertigt ist. Oder Ihnen erklären, warum er ein Eingreifen nicht für nötig hält, so dass Sie seine Entscheidung besser nachvollziehen und das Verhalten der Hunde besser einschätzen können.

Das Würgen und die unabsichtlichen Leinenrucke verknüpft Ihr Welpe nach und nach mit der Anwesenheit des anderen Hundes. Er kann dadurch mit der Zeit zum „Leinenrambo" werden.

Probleme direkt ansprechen
Dasselbe gilt, wenn Ihnen irgendetwas anderes in der Welpengruppe nicht passt. Grummeln Sie bitte nicht vor sich hin, schmollen oder beschweren Sie sich nicht bei anderen Teilnehmern. Bleiben Sie auch nicht einfach ohne Kommentar weg und reden dann schlecht über die Welpengruppe. Seien Sie stattdessen fair und sprechen Sie den Leiter unter vier Augen auf das Problem an. Geben Sie ihm die Chance, aus Fehlern zu lernen – oder Sie zu überzeugen, indem er Ihnen seine Beweggründe erklärt. Fragen Sie auch nach, wenn Sie irgendwelche Erklärungen nicht verstanden haben oder den Sinn bestimmter Anweisungen überhaupt nicht verstehen.

Achtung vor anderen Welpenbesitzern
Bedenken Sie, dass praktisch alle Welpenbesitzer dazu neigen, parteiisch und überbesorgt in Bezug auf den eigenen Hund zu sein – also auch Sie selber! Verkneifen Sie sich also abfällige Bemerkungen über andere Teilnehmer oder deren Hunde. Egal wie hässlich oder ungezogen Sie einen Welpen finden – sein Besitzer hat ihn lieb und ist stolz auf ihn. Kränken Sie ihn also nicht durch unbedachte Äußerungen oder offensichtliche Gesten wie genervtes Augenrollen. Besitzer von schwierigen Welpen haben es schon schwer genug und sind meist selber nicht gerade froh über das Benehmen ihres Hundes. Grenzen Sie sie nicht aus, sondern freuen sich lieber mit, wenn der Hund kleine Fortschritte macht, und zeigen Sie das auch.

Zuerst guckt „Justus" noch ein bißchen sparsam. Aber nachdem er sich überwunden hat, ist er gleich zehn Zentimeter gewachsen.

Spaß hat, sondern verängstigt in der Ecke sitzt. Und vielleicht haben Sie das Gefühl, das Ganze hätte keinen Zweck und wäre zu viel für ihn. Aber gerade für Ihren Welpen ist der Besuch der Welpengruppe und der Kontakt zu anderen Hunden äußerst wichtig und eine große Chance. Auch sehr ängstliche Welpen tauen gewöhnlich nach spätestens drei Spielstunden auf, wenn sie behutsam in die Gruppe integriert werden (siehe S. 40).

Geduld mit den Zaghaften

Machen Sie sich nichts daraus, wenn Ihr Welpe anfangs etwas ängstlich ist oder noch nicht mitspielen mag. Das ist absolut noch kein Grund zur Besorgnis. Und sollte Ihr Welpe zu denen gehören, die (z.B. aufgrund von Sozialisierungsmängeln) wirklich Angstprobleme haben, geben Sie bitte nicht so schnell auf! Natürlich ist es enttäuschend, wenn der eigene Welpe keinen

Kontakt mit Menschen

Freuen Sie sich, wenn Ihr Welpe auch zu anderen Menschen netten Kontakt hat, sei es zwischendurch oder bei Übungen wie z.B. dem „Hundetausch". Auch bei Angehörigen von ausgesprochen zurückhaltenden Rassen ist es kein gutes Zeichen, wenn ein Welpe im Alter unter 12 oder 16 Wochen bereits fremdelt und die Welpengruppe bietet auch eine Chance, die Sozialisierung auf Menschen voranzutreiben. Eifersucht oder die Ansicht „Er soll aber nicht zu Fremden gehen" sind also fehl am Platz. Natürlich sollten Sie aber darauf achten, dass niemand Ihrem Welpen ungefragt Leckerchen gibt oder ihn zum Anspringen ermuntert. Ist jemand in dieser Hinsicht völlig uneinsichtig, bitten Sie den Gruppenleiter unter vier Augen um Unterstützung.

Fragen zur richtigen Zeit
Sie können und sollen dem Betreuerteam gern Löcher in den Bauch fragen. Nehmen Sie den Gruppenleiter oder seine Assistenten aber bitte nicht übertrieben in Beschlag. Schließlich müssen sie sich um alle Teilnehmer und ihre Welpen kümmern, nicht nur um Sie. Wenn Sie komplexere oder spezielle Fragen haben, fragen Sie jemanden vom Team, ob er nach der Stunde etwas Zeit hat oder Sie ihn anrufen dürfen. Falls Sie sehr viele Fragen zur Grunderziehung haben, die Sie nicht alle in der Welpengruppe loswerden können, oder es bereits größere Probleme mit Ihrem Welpen gibt, scheuen Sie sich nicht, um eine Einzelstunde oder einen Hausbesuch zu bitten. Das kostet natürlich zusätzlich, lohnt sich aber auf alle Fälle und ist fairer, als das Welpengruppenteam dauernd mit der Bitte um Extra-Ratschläge zu blockieren.

> **Tipp | Regeln beachten**
> Bitte versuchen Sie, pünktlich zu sein und halten Sie sich an allgemeine Regeln, die in der Welpengruppe üblich sind, wie z.B. fremde Hunde nicht zu füttern. Entfernen Sie unaufgefordert Verschmutzungen, die Ihr Hund auf der Welpenwiese oder im Umfeld hinterlässt, damit der Betreiber der Welpengruppe keinen Ärger mit den Anwohnern bekommt. Wenn Ihre Kinder dabei sind, sollten Sie Ihre Aufsichtspflicht wahrnehmen und nicht ungefragt dem Gruppenleiter oder anderen Teilnehmern aufbürden.

Abmeldung bei Abwesenheit
Natürlich können Sie ein- oder zweimal zum Ausprobieren in eine Welpengruppe kommen und dann ohne Erklärung wieder wegbleiben. Waren Sie aber einer Welpengruppe einige Zeit lang treu und können dann plötzlich nicht mehr kommen, weil sich z.B. Ihre Arbeitszeit geändert hat oder Ihr Welpe sich verletzt hat, wird sich der Gruppenleiter sehr über eine kurze „Abmeldung" freuen. Denn man macht sich als Leiter doch manchmal so seine Gedanken darüber, warum jemand nicht mehr kommt, und fragt sich, ob ihn etwas geärgert oder gestört hat.

Welpen und ihre Besitzer, die regelmäßig kommen, wachsen dem Gruppenleiter oft ans Herz. Bleiben sie plötzlich ohne Erklärung weg, macht er sich daher so seine Gedanken.

Fragen & Antworten rund um Welpen

Gerade für Menschen, die ihren ersten Welpen bekommen, tun sich neue unbekannte Welten auf. Der kleine Hund tapst durch die Wohnung, nagt am Stuhlbein, sitzt plötzlich auf dem Teppich und lässt ein Bächlein laufen oder fegt durch den Garten ohne Rücksicht auf wertvolle Gewächse. Wie soll man auf all das reagieren? Hier sind die häufigsten Probleme von Ersthundehaltern zusammengefasst und es werden Tipps zum richtigen Umgang gegeben.

Der Welpe in der Wohnung und im Garten

Der Welpe beißt uns alle und zerreißt unsere Kleidung!
Alle Welpen beißen im Spiel, aber Ihr Hund muss schleunigst lernen, das zu lassen. Ahmen Sie zunächst das Drohverhalten eines erwachsenen Hundes nach. Sobald Ihr Welpe Ihnen wehtut oder in Ihre Kleidung beißt, rufen Sie laut und empört AUU oder NEIN, brechen abrupt den Kontakt ab, stellen sich stocksteif und sehr aufrecht hin, verschränken die Arme, sehen gen Himmel und machen ein böses Gesicht. Verharren Sie so, auch wenn er noch ein paar Mal an Ihnen hochspringt. Wenn Sie Ihren Hund auch nur anschauen oder auf ihn einreden, verpufft der Effekt weitgehend. Wenn Sie versuchen, ihn von sich wegzuschieben oder zu ergreifen oder seine Schnauze zuzuhalten, wie manchmal empfohlen wird, verstärken Sie sein Verhalten noch. Passieren solche hundlichen Übergriffe mehrfach hintereinander, ziehen Sie sich für diesmal ganz aus dem Spiel oder der Beschäftigung mit Ihrem Welpen zurück.

Welpen halten sich zunächst einmal für den Nabel der Welt und müssen erst lernen, sich zu benehmen.

Manchmal ist ein Welpe schon so aufgeregt, dass er sich trotz klarer Körpersprache Ihrerseits weiter in Ihre Kleidung verbeißt. Theoretisch könnte man sich dann weiter so benehmen wie ein erwachsener Hund: Noch einmal NEIN rufen und den Welpen mit einem kräftigen, kurzen Schubser im Nackenbereich für ein bis zwei Sekunden auf den Boden „heften". Praktisch schaffen das nur erfahrene Hundehalter. Ersthundehalter sind meist zu zaghaft und regen den Welpen dadurch erst recht auf. Eine Alternative bei „bissigen" Welpen ist eine Auszeit. Der Welpe trägt dazu ein oder auch zwei Wochen eine leichte, ca. 80 Zentimeter lange Schleppleine ohne Griff oder Knoten. Reicht das NEIN nicht, treten Sie einfach auf die Leine, bis er sich wieder beruhigt hat. Nun kann er Ihnen höchstens noch in den Schuh beißen. Das ignorieren Sie.

Mithilfe dieses Prinzips können Sie auch Ihren Kindern zu Hilfe eilen, die es verständlicherweise noch nicht selbst hinbekommen, den Welpen wie beschrieben an sich „abprallen" zu lassen, wenn er sie zwickt und an ihnen hochspringt.

Ich glaube, mein Welpe ist verrückt geworden oder dominant. Manchmal rast er herum und ist völlig außer Rand und Band!

Keine Angst, das ist normal und wächst sich aus. Man nennt es „die wilden fünf Minuten". Welpen können wie Kinder überdrehen und so richtig „albern" werden. Sie gehen dann buchstäblich über Tische und Bänke, beißen in alles Mögliche und pinkeln manchmal überall hin. Nach einer Phase der Raserei fällt der Welpe dann ziemlich abrupt um und schläft ein. Manchmal ist das Ganze auch ein Zeichen von Über-

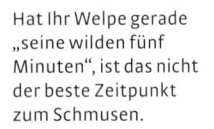

Hat Ihr Welpe gerade „seine wilden fünf Minuten", ist das nicht der beste Zeitpunkt zum Schmusen.

Der Welpe in der Wohnung und im Garten | 109

Besser ist, Sie ziehen sich möglichst vom Geschehen zurück und geben dem Welpen etwas, an dem er sich auslassen kann.

müdung oder eine Folge von Reizüberflutung. Achten Sie daher darauf, dass Ihr Welpe nicht z.B. im Spiel mit Ihren Kindern übermäßig erregt wird. Hat er einen akuten „Anfall", geben Sie ihm ein neues, großes Spielzeug (am besten ein weiches Stofftier), an dem er sich auslassen kann oder etwas sehr Attraktives zum Kauen und halten sich selbst so gut es geht heraus.

Wie bekomme ich meinen Welpen stubenrein?

Beaufsichtigen Sie ihn die ersten Wochen lückenlos und bringen Sie ihn so oft hinaus, dass kein einziges Malheur in der Wohnung passiert (das wird Ihnen natürlich nicht zu hundert Prozent gelingen). Von Woche zu Woche wird es leichter, da Ihr Welpe sich an Ihren Tagesrhythmus gewöhnt, immer länger einhalten kann und Sie immer besser erkennen, wie es aussieht, wenn er muss. Benutzen Sie zumindest nachts eine Hundebox (siehe S. 110).

Wie erreiche ich es, dass mein Welpe in der Wohnung nichts kaputt macht?

Beaufsichtigen Sie ihn die ersten Wochen lückenlos. Es trifft sich gut, dass Sie das wegen der Erziehung zur Stubenreinheit sowieso schon tun müssen. Unterbrechen Sie ihn jedes Mal sofort, wenn er etwas Unerlaubtes tun will. Dazu bewegen Sie sich nach einem einzigen (!) warnenden NEIN schnell und in leicht drohender Haltung auf den Welpen zu. Fährt er mit dem verbotenen Tun fort, können Sie ihn mit einem kleinen Stoß im Schulterbereich von dem verbotenen Ding wegschubsen oder ihm einmal kurz von oben über die Schnauze greifen. Wenn Sie energisch auftreten, reicht das normalerweise, dass er bald auf Ihr NEIN hört. Bieten Sie ihm genug Dinge zum Spielen und Kauen an, die interessanter sind als Ihre Einrichtungsgegenstände. Übrigens haben viele Hunde eine zweite Kauphase mit etwa zehn Monaten. Keine Panik, auch die geht vorbei!

Fragen & Antworten rund um Welpen

Wie gewöhne ich meinen Welpen an eine Hundebox?

Am besten ist der erste Schlafplatz des Welpen gleich eine gemütlich ausgestattete Hundebox. Junge Welpen nehmen die Box meist ganz problemlos an, wenn sie der bequemste Schlafplatz im Zimmer ist. Sie können dann das Türchen zumachen, wenn der Welpe eingeschlafen ist und Sie selber schlafen gehen wollen. Sollte er nachts aufwachen, wird er mit ziemlicher Sicherheit nicht einfach unter sich machen, sondern unruhig werden, so dass Sie wach werden und mit ihm hinausgehen können. Außerdem kann er nicht den Bettvorleger zerlegen, während Sie noch schlafen. Ist er mit vier oder fünf Monaten stubenrein und hat begriffen, woran er kauen darf und woran nicht, lassen Sie die Box einfach auf. Später kann sie dann ggf. auch wieder weggeräumt werden. Die Hundebox lehrt Ihren Welpen nebenbei auch noch zwei äußerst wichtige Dinge: dass man als Hund auch mal eine gewisse Einschränkung der Freiheit ertragen muss und dass die Welt nicht untergeht, wenn man ein paar Minuten allein bleiben muss.

Mit dem Clicker kann man dem Welpen schnell und ohne Zwang beibringen, auf Signal in seine Box zu gehen.

Ganz junge Welpen schlafen so fest, dass sie es gar nicht merken, wenn man das Türchen schließt. Ändert sich das nach ein paar Tagen, halten Sie es so, dass Sie die Tür zumachen, wenn der Welpe in seiner Box, vielleicht ausgestattet mit einem Kauknochen, zur Ruhe kommt. Sie selber setzen sich mit einem Buch dazu (gern auch anfangs auf Tuchfühlung auf den Boden direkt neben der Box) und leisten Ihrem Welpen Gesellschaft, kümmern sich aber nicht weiter um ihn. Unter diesen Umständen können Sie ggf. auftretende Trotzanfälle oder Gejammer guten Gewissens komplett ignorieren. Sie werden sich wundern, wie schnell der kleine Wüterich aufgibt und einschläft. In den ersten ein oder zwei Tagen sollten Sie dennoch versuchen, Ihren Welpen nicht ganz allein in einem Raum in seiner Box zu lassen, es sei denn, er schläft fest und Sie sind höchsten ein paar Minuten weg zum Zähneputzen. Hat er sich ein bisschen eingewöhnt, sind solche kurzen Phasen des Wartens oder Alleinbleibens ein guter und meist völlig problemloser Einstieg ins Alleinbleiben.

Ich möchte nicht, dass mein Welpe den Garten verschmutzt. Wie bekomme ich ihn „gartenrein"?
Warten Sie ganz einfach, bis er erwachsen ist. Praktisch alle erwachsenen Hunde machen ihr „Geschäft" lieber unterwegs auf dem Spaziergang, da es auch zur Reviermarkierung dient. Belasten Sie sich und Ihren Welpen daher nicht damit. Siehe auch „Warum will mein Welpe nicht mit spazieren gehen?", siehe auch S. 114.
Richten Sie Ihrem Welpen eine Ecke im Garten zum Lösen ein, bringen Sie ihn immer wieder an diese Stelle und loben Sie ihn für sein Geschäft (z.B. FEIN GEMACHT). Somit „verschmutzt" er nicht den gesamten Garten und Sie haben es leichter, die Ecke zu säubern.
Gerade bei kranken oder aber auch bei alten Hunden kann das Lösen im eigenen Garten eine große Erleichterung bedeuten.

Hilfe! Mein Welpe buddelt den ganzen Garten um und zerkaut dabei alle Pflanzen!
Ich würde Ihnen raten, im ersten Jahr fünf gerade sein zu lassen. Schützen Sie Beete oder Sträucher, die Ihnen besonders lieb sind, mit einem Drahtzaun. Ihr Welpe wird den Rest in eine Kraterlandschaft verwandeln. Wenn Sie das wirklich ganz konsequent verhindern wollten, dürften Sie ihn aber nie auch nur eine Minute unbeaufsichtigt im Garten lassen. Das wäre für Sie beide ein ganz schöner Stress. Im zweiten Sommer ist Ihr Hund schon fast erwachsen und viel „vernünftiger". Es ist dann vergleichsweise leicht, ihm beizubringen, dass er nur an ganz bestimmten Stellen buddeln darf und die Pflanzen in Ruhe lassen muss.

Im ersten Sommer ist nun mal die ganze Welt Kauspielzeug. Mein Rat: Nehmen Sie´s leicht.

Zieht Ihr Welpe bereits mit der Diebesbeute ab, warten Sie fünf bis zehn Sekunden, ehe Sie etwas unternehmen. Wenn Sie aufspringen und ihm nachlaufen, wirkt das nämlich unter Umständen als Belohnung.

Mein Welpe klaut dauernd Socken usw. und rennt damit weg und springt immer wieder aufs Sofa, obwohl ich schon so oft deswegen mit ihm geschimpft habe!

Sie haben ein Timing- und ein Konsequenzproblem. Wenn Sie etwas wirksam unter Tabu setzen wollen, geht das nur, wenn Sie zu hundert Prozent konsequent sein können und wenn Sie Ihren Welpen jedes Mal sofort in seinem Tun unterbrechen können, wenn er gerade dazu ansetzt. Vermutlich sind Sie oft zu spät dran. Ihr Welpe hat den Socken bereits im Maul oder liegt auf dem Sofa, wenn Sie dazukommen und anfangen zu schimpfen. Er lernt dadurch, dass Sie nicht die Macht haben, ihn daran zu hindern, und dass er Sie austricksen kann. Vermutlich bekommen Sie es auch nicht immer mit, wenn er etwas Verbotenes tut. Er springt z.B. manchmal heimlich aufs Sofa oder klaut Socken. Dadurch merkt er, dass er tun und lassen kann, was er will, wenn niemand im Zimmer ist. Es hilft alles nichts – Sie müssen besser aufpassen. Lassen Sie Ihren Welpen keinen Moment aus den Augen und lassen Sie keine Socken herumliegen. Bemühen Sie sich außerdem, viel schneller einzugreifen: nicht erst, wenn er das Verhalten schon ausführt, sondern praktisch schon, wenn er nur so aussieht, als ob er es gleich tun will. Notfalls hilft eine Schleppleine.

Hat er aus dem Sockenklauen schon ein richtiges Spiel gemacht, müssen Sie ihn komplett ignorieren, wenn es ihm doch einmal gelungen ist, sich einen Socken zu schnappen, auch wenn der Socken dabei draufgehen sollte. Denn wenn Sie hinter ihm herlaufen, ist das eine Art Belohnung für Ihren Hund (Sie liefern ihm ein aufregendes Beutespiel).

> **Info** Eine Bitte an Hundzüchter
>
> Als engagierter Züchter bieten Sie Ihren Welpen sicher ein abwechslungsreiches Umfeld und viel freundlichen Kontakt zu verschiedenen Menschen. Das ist wunderbar! Sie können aber noch mehr tun. Ersthundehalter haben oft große Probleme mit Erziehungsaufgaben, die ein „alter Hase" wie Sie problemlos nebenbei bewältigt. Daher meine Bitte:
> - Gewöhnen Sie die Welpen daran, überall angefasst und auch einmal festgehalten zu werden.
> - Beginnen Sie (ca. ab sechs Wochen) bereits das Training der Beißhemmung und achten Sie darauf, dass die Welpen sich beim Spielen nicht in Schuhbänder und Kleidung verbeißen.
> - Achten Sie darauf, dass Sie selbst oder Besucher die Welpen nur streicheln, wenn diese alle Viere auf dem Boden haben, damit das Anspringen gar nicht erst zum Problem wird.
> - Gewöhnen Sie die Welpen an Halsband oder Geschirr und Leine.
> - Machen Sie einige kleine Autofahrten mit den Welpen.
> - Konditionieren Sie die Welpen auf eine Hundepfeife oder einen bestimmten Ruf, indem Sie diesen immer vor dem Fressen ertönen lassen. Geben Sie dann jedem Welpenkäufer eine entsprechende Hundepfeife mit auf den Weg.

Ab wann darf mein Welpe Treppen steigen?

Tragen Sie ihn, solange er Ihnen nicht zu schwer wird und solange er sich noch nicht so recht traut, die Treppe zu begehen. Hat er sich die Treppe erobert und ist geschickt genug, sie selbstständig hinauf- und hinunterzulaufen und möchte das auch selber tun, lassen Sie ihn ruhig. Manche Welpen sind früher so weit, andere später. Die gefürchtete Hüftgelenksdysplasie entsteht nicht durch Treppensteigen, jedenfalls nicht dadurch, dass Ihr Welpe mal die Treppe innerhalb der Wohnung benutzt. Wenn Sie im fünften Stock wohnen und keinen Aufzug haben, sieht die Sache natürlich etwas anders aus. Auch bei Riesenrassen oder solchen, die erblich sehr stark mit Hüftgelenksdysplasie belastet sind, sollten Sie die Belastung so lange es geht in Grenzen halten. Gesunden Hunden mit normalem Körperbau kann man aber durchaus etwas zutrauen. Wenn Sie es übertreiben und Ihren Hund allzu lange von jeglichen Stufen fernhalten, lernt er es später umso schwerer und ist vielleicht ängstlich und unbeholfen. Dann ist die Verletzungsgefahr viel größer.

Ihr Welpe erobert seine Welt in seinem Tempo. Bremsen Sie ihn nicht mehr als nötig.

Der Welpe in der großen weiten Welt

Warum will mein Welpe nicht spazieren gehen? Wie lange bzw. wie weit darf ich überhaupt mit ihm spazieren gehen?

Wenn ich jemanden sehe, der weitab von Häusern in Wald oder Feld mit einem zehn oder zwölf Wochen alten Welpen an der kurzen Leine spazieren geht, regt mich das immer auf. Warum? Weil ein Welpe in diesem Alter noch nicht spazieren gehen muss und weil er nichts dabei lernt, außer an der Leine zu ziehen und dass sein Besitzer ihn in Überforderungssituationen hineinführt. Es geht dabei gar nicht so sehr um eine körperliche Überforderung, sondern um eine mentale. Viele Welpen haben bis zum vierten oder sogar fünften Monat eine instinktive Sperre, die sie unsicher werden lässt, wenn sie sich weiter als 100 oder 200 Meter von ihrer „Höhle" entfernen. Wolfswelpen schützt das davor, den Alten viel zu früh auf die Jagd zu folgen und dabei verlorenzugehen. Zwingt man den Welpen, dennoch mitzugehen, wird er auf dem Hinweg „bocken" und auf dem Rückweg ziehen wie ein Verrückter, was den Grundstein für ein Leinenführigkeitsproblem legt. Interessanterweise tritt die Blockade meist nur ein, wenn man sich zu Fuß direkt vom Haus entfernt. Für die so wichtigen Umweltgewöhnungsausflüge können Sie Ihren Welpen also im Auto mitnehmen oder das erste Stück tragen, falls er sonst „bockt".

Manche Welpen laufen von Anfang an vergnügt mit oder legen schon früh auch längere Strecken zurück. Meist handelt es sich dabei um kleine, drahtige Hunde oder ausgesprochene Arbeitsrassen wie z.B. Husky oder Border Collie, die man da, wo sie noch zur Arbeit verwendet werden, schon mit sechs Monaten am Schlitten mitlaufen lässt bzw. mit an die Schafe nimmt. Für solche Hunde sind Empfehlungen wie „Gehen Sie im ersten Lebensjahr nur so viele Minuten am Stück spazieren wie der Hund in Wochen alt ist" sicherlich übertrieben. Aber auch wenn Ihr Welpe oder Junghund gern und viel läuft und sich dabei offensichtlich nicht

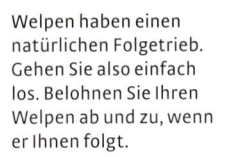

Welpen haben einen natürlichen Folgetrieb. Gehen Sie also einfach los. Belohnen Sie Ihren Welpen ab und zu, wenn er Ihnen folgt.

Der Welpe in der großen weiten Welt

Kommen auf Ruf kann mein Welpe schon. Das brauche ich nicht zu üben!
Irrtum! Da der Welpe noch den angeborenen Folgetrieb besitzt, wirkt es vielleicht so, als wenn er wüsste, was gemeint ist, wenn Sie ihn rufen. Aber das täuscht. Üben Sie gerade die ersten Monate vor Eintreten der „Flegelphase" mit ca. fünf bis sechs Monaten das Herankommen (siehe S. 74).

Hilfe! Mein Welpe hört plötzlich gar nicht mehr!
Ich wette, Ihr Welpe ist gar kein Welpe mehr, sondern ein ca. fünf Monate alter Junghund. Er ist nun in der „Flegelphase", in der junge Hunde ihren Radius erweitern und ihre Interessen auf neue Dinge ausdehnen. Das wird wieder besser, aber Sie müssen in den nächsten Wochen aufpassen, dass Ihr Hund sich keine Unarten angewöhnt. Das bedeutet, er gehört jetzt oft an die lange Leine. Üben Sie den Rückruf, tun Sie viel für die Bindung (Suchspiele machen, sich verstecken, etc.) und intensivieren Sie gegebenenfalls das Antijagdtraining.

überanstrengt, sollten Sie in den ersten Monaten noch keine stundenlangen Wanderungen mit ihm machen. Sozialisierung, Umweltgewöhnung, Bindungsaufbau und Früherziehung sind jetzt viel wichtiger als bei Spaziergängen „Strecke zu machen".

Ich behalte meinen Welpen lieber an der Leine, bis er fertig erzogen ist. Sonst läuft er mir noch weg!
Falsch gedacht! Bis auf ganz seltene Ausnahmen haben Welpen einen natürlichen Folgetrieb. Daher sollten Sie Ihren Welpen von Anfang an überall da frei oder mit einer leichten Schleppleine laufen lassen, wo die nächste Straße weit genug entfernt ist und nicht allzu viel Ablenkung (z.B. durch Jogger oder Weidevieh) herrscht. Bewegen Sie sich einfach ziemlich gleichmäßig weiter, ohne ihn dauernd zu locken oder zu rufen. Belohnen Sie ihn aber mit Click (oder Lob) und Leckerchen, Spiel oder Zuwendung, wenn er von selber zu Ihnen aufholt oder Richtungswechsel mitmacht. Er lernt so, von selbst darauf zu achten, wo Sie sind, und Ihnen zu folgen.

Vor Einsetzen der „Flegelphase" gelingt das Abrufen meist noch mühelos. Belohnen Sie es trotzdem immer wieder großzügig!

Diese beiden sind bereits ein tolles Team.

Mein Welpe lässt sich nicht mehr anleinen. Er weicht aus, wenn ich nach ihm greifen will oder kommt gar nicht erst nah genug heran!
Manche Junghunde können in der sogenannten „Flegelzeit" vorübergehend dazu neigen (siehe S. 67).

Mein Welpe nimmt alles vom Boden auf!
Machen Sie sich keine Sorgen, wenn Ihr Welpe wie ein Staubsauger über den Boden geht und alles ins Maul nimmt. Das ist ein ganz normales Welpenverhalten und wächst sich aus. Natürlich kann es mal sein, dass er dabei auch etwas verschluckt, aber meist zerkaut er die Dinge nur oder lutscht darauf herum und lässt sie später wieder fallen. Natürlich sollten Sie ihm schädliche oder gefährliche Dinge wie Silberpapier usw. vorsichtshalber wegnehmen. Aber wenn Sie andauernd NEIN rufen, ihn von etwas wegzerren oder ihm etwas aus dem Maul winden, wird es nur schlimmer. Vermutlich weil Ihr Welpe den Eindruck bekommt, dass Sie mit ihm um diese Dinge konkurrieren und sie wirklich „wertvoll" sind. Womöglich beginnt er dann wirklich, Unverdauliches hinunterzuschlingen, nur damit es ihm keiner wegnehmen kann. Und wenn Sie alles, was er im Maul hat, gegen ein Leckerchen tauschen, belohnen Sie ihn dafür, dass er alles Mögliche „apportiert". Ignorieren Sie sein Verhalten also am besten weitgehend.

Mein Welpe beißt in die Leine!
Siehe Seite 69.

Wie oft sollte ich „Ausflüge" zur Umweltgewöhnung machen und was ist dabei zu beachten?
Schon nach zwei oder drei Tagen Eingewöhnung steht der erste „Ausflug" zur Umweltgewöhnung an. Etwa jeden zweiten Tag sollten Sie in den nächsten Wochen mit Ihrem Welpen losziehen und ihn mit neuen Eindrücken ver-

traut machen. Besuchen Sie verschiedene Orte, erst ruhigere wie einen Feld- oder Waldweg oder eine ruhige Nebenstraße, dann belebtere wie eine Fußgängerzone, eine Straßenbahnhaltestelle oder einen Supermarktparkplatz, schließlich einen Wochenmarkt, ein Kaufhaus oder einen Tierpark. Ein solcher Ausflug braucht nicht lange zu dauern.

Zehn bis fünfzehn Minuten genügen zu Anfang und es handelt sich dabei eher um ein „Spazierenstehen" als um ein Spaziergehen. Bummeln Sie einfach mit Ihrem Welpen herum. Belohnen Sie ihn ab und zu, wenn er sich an Ihnen orientiert und Ihnen gut folgt. Bleiben Sie stehen, wenn Ihr Welpe sich umgucken oder etwas beschnuppern will und setzen Sie sich ruhig bei gutem Wetter eine Weile mit ihm irgendwohin.

Tipp | Geschirr und Leine

Versehen Sie Ihren Welpen für diese Ausflüge am besten mit einem Brustgeschirr und einer zwei bis drei Meter langen Leine. So hat er etwas Spielraum und ist doch gesichert. Die Länge der Leine erlaubt Ihnen außerdem, selber langsam weiterzugehen, wenn er zurückbleibt und so die Richtung vorzugeben.

An einer Ein-Meter-Leine müsste Ihr Welpe dagegen ununterbrochen eng bei Fuß gehen – etwas, das ihn auf alle Fälle noch überfordern würde. Er würde dann notgedrungen ziehen oder mitgezerrt werden und den dadurch entstehenden Stress womöglich mit der Umwelt verknüpfen und zudem bei so häufigem Zug am Halsband bereits abstumpfen und „harthalsig" werden.

Solche riesigen, fremdartigen Tiere schaut man sich doch am Liebsten erst mal von einer sicheren Warte aus an.

Was mache ich, wenn mein Welpe Angst vor bestimmten Situationen oder Dingen hat?

Zunächst einmal: Das ist ganz normal und kein schlechtes Zeichen (siehe S. 40). Bleiben Sie vor allem selber ganz gelassen und warten erst einmal ab. Welpen überwinden einen kleinen Schreck oder eine kleine Ängstlichkeit oft ganz von selbst. Will er das Angstobjekt von sich aus erkunden, loben Sie ihn für seinen Mut und gehen mit ihm hin. Sie können auch wunderbar den erfahrenen Althund spielen, der das Terrain erkundet. Beachten Sie Ihren Welpen nicht weiter, „schleichen" sich aber fachgerecht gegen den Wind und in leicht gespannter Haltung an das angstauslösende Objekt heran. Tun Sie dann so, als ob Sie es kurz beschnüffeln und entspannen sich danach überdeutlich (tief atmen und Schultern und Arme locker hängen lassen). Meist traut sich Ihr Welpe dann in Ihrem „Windschatten" auch an das Objekt heran.

Hat Ihr Welpe richtig Angst und will gar fliehen, hindern Sie ihn möglichst daran, denn dadurch prägt sich die Angst oft erst so richtig ein. Gehen Sie am besten in die Hocke und nehmen ihn vor sich zwischen Ihre Beine. Bei Panik nehmen Sie ihn ruhig auf den Arm. Geben Sie ihm Schutz, aber reden Sie nicht auf ihn ein und streicheln ihn nicht, um nicht selber unsicher zu wirken. Dann warten Sie einfach ab, bis Ihr Welpe sich beruhigt hat. Belohnen Sie dies mit einem Leckerchen (auch mit Click und Leckerchen). Will Ihr Welpe nun das Objekt erkunden: umso besser. Möchte er lieber weg oder ist gar so nervös, dass er das Leckerchen nicht nehmen mag, treten Sie für diesmal den geordneten Rückzug an, aber nehmen Sie sich vor, eine ähnliche Situation demnächst noch einmal aufzusuchen.

Erschrickt Ihr Welpe vor einem lauten Geräusch oder sieht etwas nervös aus, dann bieten Sie ihm einfach schnell, aber sachlich und wortlos ein Leckerchen an. Sie stellen dadurch eine positive Assoziation mit dem Geräusch her und beugen der Entstehung von Ängsten vor. Bieten Sie Ihrem Welpen aus demselben Grund auch Leckerchen an, wenn er zum Beispiel von einem anderen Hund hinter einem Zaun angebellt wird oder in einem Aufzug oder Bus usw. etwas unbehaglich wirkt. Hundegebell macht junge Welpen oft besonders nervös, weil ihr Instinkt ihnen sagt, dass sie bei Warngebell in die Höhle fliehen sollen. Doch diese Höhle ist in unserer Welt nicht vorhanden. Diese Angst wächst sich aus, aber Sie können den Stress durch das angebotene Leckerchen etwas mildern.

Mein Welpe oder Junghund bellt plötzlich Passanten (Hunde, Verkehrsschilder, Mülltonnen …) an!
Vermutlich durchlebt Ihr Hund gerade eine „Angstphase" (siehe S. 12). Sollte das Verhalten länger als zwei bis drei Wochen anhalten, kann es sein, dass er ein echtes Angstproblem hat. Besprechen Sie dann das weitere Vorgehen mit Ihrem Trainer.

Wenn mein Welpe oder Junghund einen Artgenossen erspäht, wird er völlig unkontrollierbar und zieht wie verrückt an der Leine!
Natürlich ist es normal, wenn ein junger Hund sehr interessiert an Artgenossen ist. Versuchen Sie aber trotzdem, Ihren Hund jedes Mal zu sich zu locken oder zu rufen, wenn ein Hund (oder auch Passant) vorbeikommt, damit er kontrollierbar bleibt (siehe S. 73).

Clicken (loben) Sie ihn schon für kleinste Ansätze, sich Ihnen zuzuwenden. Als Belohnung bietet sich in einer solchen Situation eher etwas Bewegtes an: Spiel, Leckerchen über den Boden rollen oder ein paar Schritte mit Ihnen rennen. Anschließend können Sie ihn ja immer noch Kontakt zu dem anderen Hund aufnehmen lassen, wenn dies angebracht erscheint. Soll er diesmal nicht hin, versuchen Sie, ihn mit einem Leckerchen an ihm vorbeizulotsen. Dabei nehmen Sie ihn am besten auf die vom anderen Hund abgewandte Seite und machen einen kleinen Bogen um diesen. Ist Ihr Hund so aufgeregt, dass er sich gar nicht mehr „ansprechen" lässt, bleiben Sie stehen, halten die Leine fest und warten schweigend ab, bis er aufhört, zu hopsen, zu ziehen oder zu kläffen. Dann loben und belohnen Sie ihn.

„Luna" unterwirft sich „Huutch" wie einem erwachsenen Hund, muss jedoch zu ihrem Leidwesen feststellen, dass dies unter Gleichaltrigen nicht so gut funktioniert. (Sie wurde unmittelbar nach der Aufnahme gerettet.)

Service

Zum Weiterlesen

Bailey, Gwen: **Was denkt mein Hund?** Hundeverhalten auf einen Blick. Kosmos 2005

Blenski, Christiane: **Das lernt mein Hund.** Hundeerziehung auf einen Blick. Kosmos 2008

Büttner-Vogt, Inge: **Spiel und Spaß mit Hund.** Kosmos 2008

Donaldson, Jean: **Hunde sind anders ... Menschen auch.** Kosmos 2000

Führmann, Petra; Nicole Hoefs und Iris Franzke: **Die Kosmos-Welpenschule.** Kosmos 2008

Gerling, Kai und Kerstin: **Das verflixte erste Hundejahr.** Das Mutmachbuch für alle, die ihren ersten Welpen haben. Kosmos 2006

Gerling, Kai und Kerstin: **Hilfe, mein Hund wird erwachsen.** Kosmos 2008

Jones, Renate: **Welpenschule.** Sozialisieren, erziehen und beschäftigen. Kosmos 2007

Krauß, Katja: **Hunde erziehen mit dem Clicker.** Kosmos 2006

Mücke, Anke: **Zufrieden an der Leine.** Der Weg zum leinenführigen Hund. Kosmos 2007

Pietralla, Martin und Barbara Schöning: **ClickerTraining für Welpen.** Kosmos 2002

Pryor, Karen: **Positiv bestärken, sanft erziehen.** Die verblüffende Methode nicht nur für Hunde. Kosmos 2006

Schöning, Barbara: **Hundeverhalten.** Verhalten verstehen, Körpersprache deuten. Kosmos 2008

Theby, Viviane: **Das Kosmos-Welpenbuch.** Der gute Start ins Hundeleben. Kosmos 2004

Theby, Viviane: **Verstehe deinen Hund.** Kommunikationstraining für Hundefreunde. Kosmos 2006

Tellington-Jones, Linda: **Welpenschule mit Linda Tellington Jones.** Erfolgreich erziehen mit TTouch und TTeam. Kosmos 2006

Winkler, Sabine: **Trainingsbuch Hundeerziehung.** Das Training planen und umsetzen. Eigene Fähigkeiten verbessern. Kosmos 2006

Winkler, Sabine und Beate Poetting: **Praxishandbuch für Hundetrainer.** Gruppen und Kurse organisieren, Hundehalter motivieren und anleiten. Kosmos 2007

Winkler, Sabine: **So lernt mein Hund.** Der Schlüssel für die erfolgreiche Erziehung und Ausbildung. Kosmos 2005

Nützliche Adressen

Fédération Cynologique Internationale
(FCI)
Place Albert 1er, 13
B – 6530 Thuin
Tel.: 0032 71 59 12 38
info@fci.be
www.fci.be

Verband für das Deutsche Hundewesen e.V.
(VDH)
Westfalendamm 174
44141 Dortmund
Tel.: 0231-565000
Info@vdh.de
www.vdh.de

Österreichischer Kynologenverband
(ÖKV)
Siegfried Marcus-Str. 7
A-2362 Biedermannsdorf
Tel.: 0043 2236-710667
office@oekv.at
www.oekv.at

Schweizerische Kynologische Gesellschaft
(SKG)
Geschäftsstelle
Brunnmattstr. 24
CH-3007 Bern
skg@skg.ch
www.skg.ch

Berufsverband der Hundeerzieher/innen
und Verhaltensberater/innen (BHV)
Eichenweg 2
65527 Niedernhausen
Tel.: 06192-9581136
info@bhv-net.de
www.bhv-net.de

aHa – die andere Hundeausbildung
www.aHa-Hundeausbildung.de

Leiter der Hundeschule:
Beate Poetting
Solterbergstr. 44
32602 Vlotho
Tel.: 05228-960751
Fax: 05228-960752

Sabine Winkler
Bielefelder Straße 128
33824 Werther
Tel.: 05203-883770

Welpenpass für Ihren Kleinen

Name
Rufname
Geschlecht
Cip-Nr.
Zuchtbuch-Nr.
Geburtsdatum
Abgeholt am

Foto meines Hundes

Züchter

Name der Mutter
Name des Vaters

Tierarzt

Impfungen
Entwurmung

Haftpflichtversicherung

Hundeverein

Prüfungen

Register

Ablauf einer Stunde 57 ff.
Abrufen sehr ängstlicher Welpen 76
Abschaltsignal 41, 44
Aggression 6, 64 f.
Akustische Reize 88
Anbindeübung 87
Anfassübung 85
Angst 62, 118
Ängstliche Welpen 73
Ängstliches Schnappen 54
Ängstlichkeit 12 f.
Angstphasen 12 f., 119
Anleinen 44 f., 67 f., 116
Anmeldung zum Welpenkurs 30 ff.
Anspringen 78, 82 f.
Antijagdtraining 66
Anzahl der Welpen 21
Aufmerksamkeitstraining 72 f.
Aufreiten 54 f.
Ausgeben einer Beute 77
Außentermine 19
Auszeit 108
Autofahren 97 f.

Beenden einer Spielphase 44 f.
Beißen 107 f.
Beißhemmung 7, 50
Beschwichtigendes Verhalten 50
Betteln 83
Beutespiele 50
Biestigkeit 50
Bleib 88 ff.
Blickkontakt, spontaner 74
Buchempfehlungen 34

Clickertraining 66 f., 74, 90 ff.

Das erste Mal in der Welpengruppe 102 ff.
Dauer der Welpengruppe 24 f.
Deckenübung 44, 90
Die ersten Tage 97
Die ersten Wochen 14 f.
Doppeltes Führsystem 82

Duldungsübungen 84 ff.

Eingangsübung 39
Eingriffe ins Spielverhalten 50 ff.
Entwicklungsphasen des Welpen 8 ff.
Ersatzbeschäftigungen 66
Ersatzverhalten 62 f.
Erwachsene Hunde 12, 34
Erziehung 10

Fieber messen 86
Flegelphase 11, 115
Flucht 118
Fragebogen 32
Freispielphasen 43
Frustresistenz 8
Füttern aus der Hand 62, 67
Futterneid 64 f.

Garten 111
Geduld 104
Gegenkonditionierung 66
Gehen an lockerer Leine 81
Gelände 17 f.
Gemeinsames Fressen 47
Gemischte Gruppe 23
Geräte 26 ff.
Geschirr 26 f., 82, 117
Geschlechtsreife 12
Geschlossene Gruppe 20
Gewöhnung an Halsband und Leine 100
Grenzen 60

Gruppengröße 21
Gruppenwechsel 62

Haftungsausschluss 30
Hahnenkämpfe 53
Halsband 26, 82
Halti 86
Handlingübungen 69, 84
Harthalsigkeit 117
Häufige Fragen 106 ff.
Häufigkeit des Welpengruppenbesuchs 24 f.
Heranrufen 74 ff.
Hörzeichen 88 f.
Hundebox 110
Hundetausch 71, 104
Hundeverhalten erklären 61
Hundezüchter 113
Hütespiele 48
Hypersexualität 55

Impfpasskontrolle 30
Impfschutz 24
Impulskontrolle 78 ff., 82 f.
Infomaterial 34
Integration neuer Welpen 40
Isolierung aus der Gruppe 64

Jagdtrieb 11, 66
Junghundgruppe 21 f.

Kastration 55
Kinder 32 f.
Kleinhundgruppe 23

Kommen auf Ruf 115
Konditionierung auf den Clicker 93
Konditionierung auf den Namen 73
Konfliktvermeidende Verhaltensweisen 7, 50
Konsequenzprobleme 112
Kontakt an der Leine 42
Kontakt mit Menschen 104 f.
Kullerspiele 49

Laufspiele 48
Leckerchen vorsichtig nehmen 79
Leine 117
Leinebeißen 69
Leinenführigkeit 82, 102
Leiten von Welpengruppen 37 ff.
Lob 66, 91
Management 64
Markierungsgeräusch 92
Maulkorb 86
Meldezettel 31
Menschengasse 72
Menschenkreis 72
Mitarbeiter 32
Mobbing 46 ff., 53
Motivation durch Bewegung 75

Natürlicher Folgetrieb 115

Offene Gruppe 20
Optimaler Zeitpunkt 24
Optische Reize 88
Organisation von Welpengruppen 16 ff.

Pendelbewegungen 14
Planung einer Welpenstunde 36 ff.
Platz 88 ff.
Positive Verknüpfungen 118 f.
Prägungsphase 8 ff.
Probleme 62 ff.
Pubertät 12

Rangstreitigkeiten 12
Rassetypisches Spielverhalten 48 ff.
Regeln 38 f., 41, 105

Rennspiele 48
Ringkämpfe 49
Ritualisierte Aggression 50
Rückrufprobleme 66 f.
Ruhig warten an der Leine 80

Schleppleine 112, 115
Schulung der Besitzer 20
Sensible Phasen 8
Sitz 88 ff.
Soziales Lernen 10
Sozialisierung auf Menschen 71 f.
Sozialisierungsphase 10
Sozialverhalten 10
Sozialverhalten unter Hunden 5
Spaziergang 114
Spiel mit Welpen 77 f.
Spielzeug 46, 77
Splitting 55 f., 62
Stillhalten 84
Stress vermeiden 97
Stressbedingte Probleme 69
Stressbewältigung 8
Stressreize 8
Struktur der Welpenstunde 42 f.
Stubenreinheit 8, 10, 109

Tablettengabe 86
Tauschen 87
Theorieeinheiten 44
Timingprobleme 112

Treppensteigen 113

Überdrehte Hunde 53
Übergangsphase 8
Übung mit Geräten 87
Übungseinheiten 43
Übungsphasen 43
Umgang mit Welpenbesitzern 59 ff.
Umweltgewöhnung 7, 87 f., 116 f.
Umweltreize 9
Ungeschicktes Anfassen 71
Unsichere Welpen 40
Unterstützung 60

Versicherungen 19
Verteidigen von Spielzeug 64
Vorbereitung für den Welpenbesitzer 94 ff.
Vorpubertät 13

Warten an Türen/Grenzlinien 82
Warten vorm Leckerchen 79
Welpenerziehungskurs 25
Welpenfrüherziehung 5
Werbung 35

Zahnwechsel 13
Zerbissene Kleidung 107 f.
Zubehör 26 ff.
Zusammensetzung der Gruppe 20 ff.

Bildnachweis
157 Farbfotos wurden von Sabine Stuewer/Kosmos für dieses Buch aufgenommen (www.stuewer-tierfoto.de).
Weitere Farbfotos von Sabine Stuewer (16: Klappe vorne außen, S. 1, 33, 65, 95, 99 li., 111, 112, 113, Klappe hinten), Mareike Rohlf/Kosmos (17: S. 8, 9, 12, 13, 14, 15, 49 u., 66, 118), Christof Salata/Kosmos (3: S. 48, 115), Viviane Theby/Kosmos (2: S. 28 li., 29 re.), Jörg Hecke (2: S. 119) und Sabine Winkler (1: S. 82).

Impressum
Umschlaggestaltung von eStudio Calamar unter Verwendung von vier Farbfotos von Ulrike Schanz (Vorderseite) und Sabine Stuewer (Rückseite).

Mit 206 Farbfotos und einer Farbzeichnung.

Alle Angaben in diesem Buch erfolgen nach bestem Wissen und Gewissen. Sorgfalt bei der Umsetzung ist indes dennoch geboten. Autorin und Verlag übernehmen keinerlei Haftung für Personen-, Sach- und Vermögensschäden, die aus der Anwendung der vorgestellten Materialien und Methoden entstehen können.

Unser gesamtes lieferbares Programm und viele weitere Informationen zu unseren Büchern, Spielen, Experimentierkästen, DVDs, Autoren und Aktivitäten finden Sie unter www.kosmos.de

gkf Forschung für den Hund

Der KOSMOS-Verlag ist Mitglied in der Gesellschaft zur Förderung Kynologischer Forschung e.V.
www.gkf-bonn.de

Gedruckt auf chlorfrei gebleichtem Papier

© 2008, Franckh-Kosmos Verlags-GmbH & Co. KG, Stuttgart.
Alle Rechte vorbehalten
ISBN 978-3-440-11232-8
Redaktion: Hilke Heinemann
Gestaltungskonzept: eStudio Calamar
Gestaltung und Satz: Akusatz, Stuttgart
Produktion: Eva Schmidt
Printed in Germany / Imprimé en Allemagne

Erfolgreiche Hundeerziehung

Sabine Winkler
Trainingsbuch Hundeerziehung
124 Seiten, 107 Abbildungen
€/D 12,95; €/A 13,40; sFr 24,90
ISBN 978-3-440-10467-5

- Anschaulich und leicht umsetzbar beschreibt die erfahrene Hundetrainerin Sabine Winkler, wie man Hundeerziehung praktisch anpackt: das Training planen und optimieren, Trainingseinheiten gestalten, Belohnungen und Motivation einsetzen, die richtige Körpersprache anwenden.
- Damit Hundeerziehung keine graue Theorie bleibt!

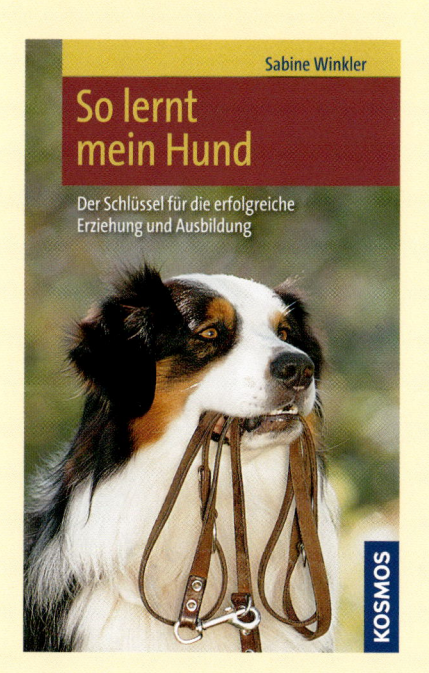

Sabine Winkler
So lernt mein Hund
200 Seiten, 20 Abbildungen
€/D 16,95; €/A 17,50; sFr 31,30
ISBN 978-3-440-10127-8

- Anschaulich erklärt Sabine Winkler das Handwerkszeug für die erfolgreiche Erziehung und Ausbildung: Lernverhalten verstehen, Verhalten beeinflussen, Motivation und Verstärkung, Ausbildungsmethoden
- Jetzt neu: Häufige Fehler vermeiden

www.kosmos.de   Preisänderung vorbehalten

KOSMOS